LA GRANDE VOIRIE

TRAITÉ PRATIQUE DES CONTRAVENTIONS

PAR

A. DELALANDE
VICE-PRÉSIDENT DU CONSEIL DE PRÉFECTURE DE LA MANCHE

BERGER-LEVRAULT & Cie, ÉDITEURS

PARIS
5, RUE DES BEAUX-ARTS

NANCY
18, RUE DES GLACIS

1904

LA

GRANDE VOIRIE

TRAITÉ PRATIQUE

DES CONTRAVENTIONS

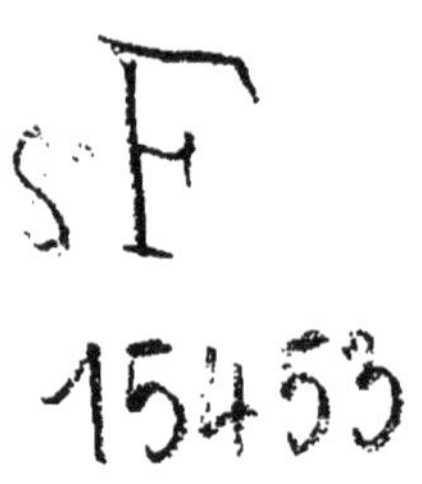

LA

GRANDE VOIRIE

TRAITÉ PRATIQUE

DES CONTRAVENTIONS

PAR

A. DELALANDE

VICE-PRÉSIDENT DU CONSEIL DE PRÉFECTURE DE LA MANCHE

BERGER-LEVRAULT & Cie, ÉDITEURS

PARIS — 5, RUE DES BEAUX-ARTS | NANCY — 18, RUE DES GLACIS

1904

AVANT-PROPOS

Les lois des 28 pluviôse an VIII, 29 floréal an X et le titre IX du décret du 16 décembre 1811 soumettent les contraventions de grande voirie à la juridiction administrative, et l'article 48 de la loi du 22 juillet 1889 fait une obligation aux conseils de préfecture de rapporter textuellement les dispositions législatives dont ils font l'application. Or les textes de ces dispositions sont épars dans les anciens règlements (édits, ordonnances, arrêts du Conseil du roi) qui ont été maintenus en vigueur par l'article 29, § 2, du titre Ier de la loi des 19-22 juillet 1791, et dans des lois postérieures.

La recherche en est souvent difficile et toujours fort longue et ennuyeuse.

Nous pensons faire œuvre utile en groupant ces textes dans cet ouvrage et en indiquant les applications les plus récentes qui en ont été faites par le Conseil d'État.

DIVISION DE L'OUVRAGE

Nous exposerons d'abord les principes généraux de la matière.

Nous examinerons ensuite, dans un chapitre différent, les contraventions commises sur chaque catégorie de terrains soumis au régime de la grande voirie.

Ces terrains comprennent :

1° Les grandes routes ;

2° Les chemins vicinaux pour les usurpations et les anticipations ;

3° Les chemins de fer d'intérêt général ;

4° Les chemins de fer d'intérêt local ;

5° Les tramways ;

6° Les fleuves et rivières navigables et flottables et les canaux de navigation ;

7° Le domaine public maritime ;

8° Les lignes télégraphiques et téléphoniques.

Un dernier chapitre sera consacré aux contraventions concernant les servitudes militaires ; ce qui divisera naturellement l'ouvrage en dix chapitres.

LA GRANDE VOIRIE

TRAITÉ PRATIQUE DES CONTRAVENTIONS

CHAPITRE Ier

PRINCIPES GÉNÉRAUX

Définition. — Laferrière, dans son ouvrage sur la juridiction administrative, a défini la contravention de grande voirie *un fait matériel pouvant porter atteinte à la conservation du domaine public ou nuire à l'usage auquel il est légalement destiné.*

Constatation. — Procès-verbaux. — Les contraventions de grande voirie sont constatées par des procès-verbaux dressés par les agents désignés :

1° Par la loi du 29 floréal an X, article 2 :

Maires et adjoints,

Ingénieurs et conducteurs des ponts et chaussées,

Agents de la navigation,

Commissaires de police,

Gendarmes ;

2° Par le décret du 16 décembre 1811, article 112 :

Gardes champêtres,

Cantonniers commissionnés et assermentés à cet effet ;

3° Par la loi du 23 mars 1842, article 2 :

Piqueurs des ponts et chaussées ;

4° Et par les agents ayant une compétence spéciale pour la surveillance d'ouvrages publics déterminés. Nous indiquerons pour chaque espèce de contraventions quels sont ces agents.

Un procès-verbal dressé par un agent qui n'a pas qualité à cet effet doit être annulé. (C. d'Et., *Pénin,* 25 avril 1890, p. 424 ; *Rémond,* 18 nov. 1898, p. 715.)

Un procès-verbal non daté est régulier s'il renferme dans ses énonciations l'indication du jour où il a été dressé. (C. d'Ét., *Frétigny*, 29 mars 1889, p. 443.)

Aucune disposition de loi ou de règlement n'exige que les procès-verbaux contiennent l'indication des textes de lois servant de base à la poursuite.

A contrario, article 48 de la loi du 22 juillet 1889. (C. d'Ét., *Camus et Mélet*, 28 déc. 1894, p. 733.)

Affirmation. — Les procès-verbaux dressés par les agents de la grande voirie doivent être affirmés dans le délai de trois jours de leur rédaction. Toutefois aucun texte ne prescrit, à peine de nullité, que cette affirmation ait lieu dans ce délai. (C. d'Ét., *Vigouroux*, 5 mai 1894, p. 324; *Lhomme*, 23 janv. 1885, p. 101; *Ridarès*, 22 juin 1883, p. 595.)

La loi du 17 juillet 1856 a dispensé formellement les gendarmes de la formalité de l'affirmation.

L'affirmation a lieu devant le juge de paix ou son suppléant, le maire ou l'adjoint, soit du lieu de la contravention, soit du domicile de l'agent rédacteur. Elle est suffisamment constatée par la mention qui en est faite et signée par l'officier public compétent devant lequel elle a eu lieu. (C. d'Ét., *Ridarès,* 22 juin 1883, p. 595.)

Timbre et enregistrement. — Les procès-verbaux en matière de grande voirie doivent être visés pour timbre et enregistrés en débet conformément à l'article 70, § 1er, de la loi du 22 frimaire an VII, mais ces formalités ne sont pas indispensables pour leur validité. (C. d'Ét., *Lhomme,* 23 janv. 1885, p. 101.)

Foi due aux procès-verbaux. — Les procès-verbaux en matière de grande voirie font foi jusqu'à preuve contraire et non jusqu'à inscription de faux, mais seulement à l'égard des faits dont leurs rédacteurs ont été personnellement témoins. (C. d'Ét., *Godard,* 5 août 1901, p. 775.)

Pour les faits énoncés d'après les indications recueillies par eux, ils peuvent être admis, à titre de simples renseignements, dont l'appréciation appartient au juge. (C. d'Ét., *Lhomme,* 16 mai 1884, p. 404; *Frétigny,* 29 mars 1889, p. 443.)

La désignation inexacte ou même l'erreur dans la désignation de la personne à qui est imputée la contravention n'empêche pas de statuer à l'égard du véritable contrevenant, lorsque le procès-verbal a été communiqué à ce dernier, qu'il a reconnu sa culpabilité et produit un mémoire en défense. (C. d'Ét., *Chozenon,* 26 déc. 1891, p. 827.)

L'aveu peut donc être admis comme moyen de preuve, mais seulement lorsque le fait constituant une contravention a été constaté par un procès-verbal.

Ainsi le conseil ne peut prononcer une condamnation pour un fait autre que celui spécifié dans le procès-verbal, alors même que l'inculpé n'en conteste pas l'exactitude. (C. d'Ét., *Pagès,* 2 août 1889, p. 936.)

L'aveu couvre du reste les cas de nullité qui peuvent être relevés dans le procès-verbal. (C. d'Ét., *Grosvallet,* 16 nov. 1900, p. 631.)

Laferrière n'admet pas qu'une contravention puisse être prouvée par témoins, la preuve testimoniale n'étant pas organisée devant la juridiction administrative et l'instruction devant y être écrite.

Cependant le Conseil d'État, dans un arrêt *Duffaut et Dupouy* du 17 décembre 1886, page 912, a dit qu'aucune disposition de loi n'oblige à ordonner une enquête. Ce qui semble indiquer que l'enquête est facultative. Ce mode d'instruction a du reste été réglé par la loi du 22 juillet 1889, article 26 et suivants.

Dans tous les cas il faut un procès-verbal pour servir de base à la poursuite. (C. d'Ét., *Roland-Gonzalès,* 1er juill. 1901, p. 596.)

Procédure et jugement. — A défaut de règles établies par des lois spéciales, la procédure à suivre est tracée par l'article 10 de la loi du 22 juillet 1889.

La poursuite appartient au préfet. (C. d'Ét., *Maury,* 13 déc. 1901, p. 889.)

Dans les dix jours qui suivent la rédaction du procès-verbal ou son affirmation, si elle est exigée, le préfet fait faire au contrevenant, dans la forme administrative, notification du procès-verbal ainsi que de l'affirmation avec citation à comparaître dans le délai d'un mois devant le conseil de préfecture. (C. d'Ét., *Argeliès,* 8 août 1894, p. 574.)

Le délai de dix jours n'est pas prescrit à peine de nullité, alors surtout qu'après la notification les contrevenants mis en demeure ont produit en temps utile leurs moyens de défense (C. d'Ét., *Rieunier,* 2 août 1889, p. 936; *Le Borgne,* 14 juin 1901, p. 547);

Ou que le contrevenant a eu le temps de produire sa défense devant le conseil de préfecture. (C. d'Ét., *Martin,* 26 janv. 1900, p. 67.)

La citation doit indiquer à l'inculpé qu'il est tenu, s'il entend fournir des défenses écrites, de les déposer dans le délai de quinzaine de la notification qui lui est faite et de faire connaître en produisant sa défense écrite s'il entend user du droit de présenter des observations orales à l'audience.

Un arrêté doit être annulé pour vice de forme quand le contrevenant n'a reçu aucune citation à comparaître et n'a pas été appelé à fournir ses moyens de défense. (C. d'Ét., *Paoletti,* 24 déc. 1897, p. 833 ; *Ambrosi,* 23 déc. 1892, p. 935.)

Il doit en être de même quand le contrevenant a manifesté l'intention de présenter des observations orales à l'audience et qu'il n'a pas été convoqué quatre jours au moins à l'avance conformément à l'article 44 de la loi du 22 juillet 1889.

La notification du procès-verbal et la citation étant faites dans la forme administrative, il n'est pas nécessaire qu'une copie de la citation soit laissée au contrevenant. (C. d'Ét., *Martin*, 26 janv. 1900, p. 67.)

La notification, en l'absence du contrevenant, au gardien de la résidence qu'il possède dans la localité où la contravention a été commise est valable, quand bien même le contrevenant serait domicilié dans un autre endroit. (C. d'Ét., *Voisin*, 1er mars 1901, p. 247.)

Les défenses du contrevenant doivent être produites sur papier timbré.

Le conseil ordonne, s'il y a lieu, la communication à l'administration compétente des mémoires en défense produits par l'inculpé et la communication à l'inculpé de la réponse faite par l'administration.

Lorsque le conseil a communiqué la requête des contrevenants à l'administration et que celle-ci a présenté des observations en réponse, il ne peut statuer sur la contravention et retenir ces observations sans les communiquer aux inculpés. (C. d'Ét., *Plagnard,* 16 juin 1899, p. 447.)

Il a été décidé de même pour les mémoires produits par les parties, sur la demande du conseil, après la clôture des débats. (C. d'Ét., *Gadda,* 7 juill. 1899, p. 526.)

Les rapports des administrations compétentes doivent toujours être adoptés par le préfet qui, seul, représente l'État en matière répressive.

Les arrêtés en matière de contravention sont soumis aux formalités ordinaires.

De plus, l'article 48 de la loi du 22 juillet 1889 prescrit au conseil de rapporter textuellement les dispositions législatives dont il fait l'application.

Un arrêté dans lequel un conseil de préfecture s'est borné à les viser sans les rapporter textuellement est entaché de nullité pour vice de forme. (C. d'Ét., *Gogot,* 7 août

1891, p. 617; *Espil,* 16 nov. 1900, p. 625; *Maury,* 13 déc. 1901, p. 889.)

Questions préjudicielles. — Si la question de propriété est soulevée, le conseil ne doit surseoir à statuer que dans le cas où, en supposant cette question tranchée en faveur de l'inculpé, elle ferait disparaître la contravention. Il n'y a pas lieu à surseoir, par exemple, dans le cas où un terrain ayant été régulièrement incorporé au domaine public, le contrevenant n'aurait droit qu'à une indemnité qui ne lui aurait pas encore été payée, mais le conseil doit relaxer le contrevenant s'il n'est pas justifié que le terrain acquis par l'État pour être ultérieurement affecté à l'ouvrage public a reçu sa destination. (C. d'Ét., *Roland-Gonzalès,* 28 juin 1901, p. 595.)

Le conseil ne doit pas surseoir au jugement parce que la contravention qui lui est soumise aurait été portée devant le tribunal de simple police. Il n'y a pas litispendance. (C. d'Ét., *Franceski,* 31 janv. 1890, p. 87.)

Le même fait peut être l'objet d'une double

condamnation s'il est complexe et réunit les deux caractères de contravention de grande voirie et de contravention de simple police.

Il en est ainsi, par exemple, dans le cas où un arrêté préfectoral a réglementé la pêche des moules sur la digue d'un chenal. Il peut y avoir infraction à l'arrêté préfectoral et contravention de grande voirie pour dégradation de la digue.

Pénalités. — Il y a trois sortes de condamnations :

1° Amende ;

2° Réparation du dommage, démolition de toute construction illicite, restitution du terrain usurpé ;

3° Paiement des frais du procès-verbal.

Le conseil de préfecture condamne à une amende si les anciens règlements ou les lois postérieures à 1791 en ont édicté une.

Mais il ne peut prononcer que des peines purement pécuniaires ; les peines corporelles, l'emprisonnement notamment, sortiraient de ses attributions.

Il en est de même de la confiscation, qui

n'a été maintenue par aucune loi en vigueur. (C. d'Ét., *de Mérode,* 9 juin 1882, p. 563.)

Les amendes édictées par les anciens règlements étaient d'une rigueur excessive.

La loi du 23 mars 1842 les a ramenées à un taux plus en rapport avec l'importance du délit. Les amendes fixes peuvent être réduites au vingtième, sans toutefois que le minimum puisse descendre au-dessous de 16 fr.; les amendes arbitraires peuvent varier entre 16 et 300 fr.

En aucun cas le conseil ne peut prononcer une amende inférieure au minimum fixé.

Ainsi le taux des amendes fixes ne peut être réduit à plus d'un vingtième (C. d'Ét., *Geraudel,* 8 août 1890, p. 798),

Et celui des amendes arbitraires à moins de 16 fr.

L'aggravation de peine établie par le Code pénal en cas de récidive n'est pas applicable en matière de contravention de grande voirie.

Les circonstances atténuantes ne sont pas admises en matière de contravention de grande voirie. Par conséquent et sauf dans certains cas spéciaux qui seront indiqués, il n'y a pas lieu à l'application de l'article 463 du Code pénal.

Les amendes sont personnelles et ne peuvent être appliquées qu'à l'auteur ou aux auteurs de la contravention et non à leurs héritiers ; mais elles peuvent être prononcées contre les personnes morales (département, commune, syndicat, etc.).

Il peut être appliqué autant d'amendes qu'il y a de contraventions constatées par un ou plusieurs procès-verbaux différents et de contrevenants ayant participé au même fait délictueux.

En cas d'usurpation, la restitution du sol usurpé doit toujours être ordonnée.

La démolition des constructions ou réparations faites sans autorisation n'est ordonnée que dans le cas où elles empiètent sur le domaine public et dépassent l'alignement projeté, et pour les immeubles sujets à reculement dans le cas où les travaux ont été exécutés au mur de face et sont confortatifs.

En un mot, la démolition s'impose lorsqu'il y a « besogne mal plantée », suivant les termes des anciens édits ; elle ne s'impose pas lorsque les travaux auraient pu et dû être autorisés.

Enfin, lorsque des dégradations ont été causées au domaine public, le contrevenant est tenu de les réparer, mais cette condamnation ne peut être que pécuniaire.

Le conseil peut prescrire une expertise, par exemple pour déterminer si les travaux sont ou non confortatifs ou pour évaluer le montant des dégradations.

En matière de contravention de grande voirie il n'y a pas lieu d'allouer de dépens, mais le contrevenant doit être condamné aux frais du procès-verbal.

La condamnation aux frais du procès-verbal ne constitue pas une peine accessoire à l'amende.

En conséquence, cette condamnation doit être prononcée même quand il s'agit d'une contravention qui n'est punie d'aucune amende, soit par les anciens règlements, soit par une autre disposition de loi. (Art. 62 et § 2 de l'art. 63 de la loi du 22 juill. 1889. — C. d'Ét., *Jal,* 15 févr. 1895, p. 164; *Bauchonnet,* 7 août 1900, p. 575.)

Si la contravention n'est pas admise par le juge, l'inculpé doit être renvoyé des fins du procès-verbal sans dépens. (Loi du 22 juill. 1889, art. 63, § 2.)

Responsabilité civile. — La responsabilité civile de l'article 1384 du Code existe en matière de contravention de grande voirie.

Si le maître ou commettant peut être déclaré dans certains cas coauteur ou même auteur unique de la contravention (pâturage de bestiaux sur une route, circulation pendant la fermeture des barrières de dégel), dans les autres cas il doit être déclaré civilement responsable de la personne qui a agi pour son compte.

La responsabilité civile s'applique non seulement à la réparation du dommage et aux frais, mais aussi à l'amende.

Toutefois, le maître ne peut être déclaré civilement responsable de ses serviteurs s'il n'a pas reçu notification des procès-verbaux dressés contre ces derniers et s'il n'a pas été cité devant le conseil de préfecture. (C. d'Ét., *Mauger,* 21 mai 1890, p. 326.)

Prescription de l'action publique. — L'action publique est prescrite après une année révolue à compter du jour où l'infraction a été commise. (Art. 640 du Code d'instruction criminelle. — C. d'Ét., *Pons,* 1er févr. 1895, p. 117; *Bosse,* 30 mai 1884, p. 480; *Argeliès,* 8 août 1894, p. 574.)

Cependant le délai ne court que du jour du procès-verbal pour les contraventions qui ont pu avoir lieu d'une façon occulte et du jour où la contravention a cessé pour celles qui sont permanentes et successives.

Si l'action publique est prescrite, il n'y a pas lieu à condamnation à l'amende, mais il y a lieu de condamner le contrevenant à la réparation du dommage et aux frais du procès-verbal. (C. d'Ét., *Van Cronenburg,* 26 déc. 1890, p. 1012.)

L'action publique est prescrite faute par le conseil d'avoir statué dans le délai d'un an à partir du procès-verbal, encore bien que par arrêté rendu dans ce délai, il ait ordonné une expertise. (C. d'Ét., *Ode,* 7 juill. 1899, p. 527.)

CHAPITRE II

DES CONTRAVENTIONS COMMISES SUR LES GRANDES ROUTES[1]

Les dispositions législatives qui règlent la matière sont, en suivant l'ordre chronologique, contenues dans :

1° L'édit de décembre 1607 ;

2° L'arrêt du Conseil du 17 juin 1721 ;

3° L'ordonnance du 4 août 1731 ;

4° L'arrêt du Conseil du 16 décembre 1759 ;

5° L'arrêt du Conseil du 27 février 1765 ;

6° La loi des 26 septembre-6 octobre 1791 ;

7° La loi du 29 floréal an X ;

8° La loi du 9 ventôse an XIII ;

9° Le décret du 16 décembre 1811 ;

10° Les règlements rendus en exécution

1. On entend par grandes routes les routes nationales et départementales et les rues qui en sont le prolongement.

de l'article 81 de la loi du 27 juillet 1880 et relatifs aux carrières ;

11° La loi du 30 mai 1851 (police du roulage).

Les dépendances des routes sont soumises au même régime que les routes elles-mêmes. Elles comprennent :

Les accotements,

Les revers,

Les berges,

Les fossés,

Les talus en remblai ou en déblai,

Les murs de soutènement,

Les égouts construits sous le sol des routes et leur prolongement ou complètement même en dehors du sol de la route,

Les parties d'une route abandonnée tant que le déclassement n'en a pas été prononcé.

ÉDIT DE DÉCEMBRE 1607

Embarras de la voie publique provenant d'événements naturels, d'éboulements d'une propriété riveraine.

ART. 3. — Voulons et nous plaît que lorsque les rues et les chemins seront encombrez ou incommodez, nostre dit grand voyer ou ses commis enjoignent aux particuliers de faire oster les dits empêchements et sur l'opposition aux différents qui en pourraient résulter, faire condamner les dits particuliers qui n'auront obéi à ses ordonnances, trois jours après la signification qui leur en sera faite, jusqu'à la somme de 10 livres et au-dessous pour les dites entreprises par eux faites.

Éboulement, sur une route nationale, de déblais provenant d'une carrière ouverte dans un terrain incliné. (C. d'Ét., *Blondel,* 1er juill. 1892, p. 590.)

Cet arrêt soumet l'application de l'amende à la nécessité d'une mise en demeure d'enlever les déblais.

Saillies, avances et pans de bois, encorbellement en avance, pan de bois ou autres choses en saillie. — Redressement des plis ou coudes.

Art. 4. — Deffendons à nostre dit grand voyer ou ses commis de permettre qu'il soit fait aucunes saillies, avances et pans de bois aux bastiments neufs, et mesme à ceux où il y en a à présent de contraindre les réédifier, ny faire ouvrages qui les puissent conforter, conserver et soutenir, ny faire aucun encorbellement en avance pour porter aucun mur, pan de bois ou autres choses en saillie, et porter à faux sur les dites rues, ainsi faire le tout continuer à plomb, depuis le rez de chaussée tout contremont et pourvoir à ce que les rues s'embellissent et élargissent au mieux que faire se pourra et en baillant par luy les alignements, redressera les murs où il y aura pli ou coude, et de tout sera tenu de donner par écrit son procès verbal de luy signé ou de son greffier, portant l'alignement desdits édifices de deux toises en deux toises, à ce qu'il n'y soit contrevenu.

Construction en pans de bois le long de la voie publique.

Cette défense s'applique même aux immeubles construits au dehors de l'alignement. (C. d'Ét., *Yves et Vignaudon*, 23 juill. 1897, p. 586.)

Ouvrages faits en saillie sur la voie publique sans autorisation.

Art. 5. — Comme aussi nous deffendons à tous nos dits sujets de la dite ville, faubourgs, prévosté et vicomté de Paris, et autres villes de ce royaume, faire aucun édifice, pan de mur, jambes estriers, encoignures, caves ny caval, forme ronde en saïllïe, sièges, barrières, contre fenêtre, huis de caves, bornes, pas, marches, sièges, montoirs à cheval, auvens, enseignes establies, cages de menuiserie, chassis à verre et autres avances sur la dite voyrie, sans le congé et allignement de nostre dit grand voyer ou des dits commis. Et après la perfection d'iceux, seront tenus les dits particuliers d'en avertir le dit grand voyer ou son commis, afin qu'il recolle les dits allignements et reconnaisse si les dits ouvriers auront travaillé suivant iceux et où il se trouverait qu'ils auraient contrevenu aux dits allignements seront les dits particuliers assignez par devant le prevost de Paris ou son lieutenant pour voir ordonner que la besogne mal plantée sera abattue et condamnez à telle amende que de raison.

Trottoir exécuté en dehors des conditions de l'autorisation. (C. d'Ét., *Ringeade,* 3 août 1900, p. 537.)

Amende, démolition du trottoir.

Établissement d'éviers plus haut que le rez-de-chaussée.

Art. 9. — Deffendons aussi à toutes personnes de faire des éviers plus haut que le rez de chaussée, s'ils ne sont couverts jusqu'au dit rez de chaussée, et mesme sans la permission de nostre dit grand voyer, ses lieutenants ou commis.

Gargouille pratiquée à $2^{m},18$ du bas du mur d'une caserne, pour donner écoulement aux eaux pluviales sur la route. (C. d'Ét., *Ministre de la guerre*, 23 janv. 1837.)

Suppression de la gargouille et frais.

ARRÊT DU CONSEIL DU 17 JUIN 1721

Anticipations et fouilles sur les routes. — Distance à observer pour les plantations le long des routes.

Fait, Sa Majesté, défences à tous particuliers, même à tous seigneurs, sous prétexte du droit de justice ou de voirie, de troubler les entrepreneurs dans leurs travaux, combler les dits fossés, et de labourer ou faire labourer en dedans de la largeur bornée par les dits fossés, d'y mettre aucuns fumiers, décombres et autres immondices, soit en pleine campagne ou dans les villes, bourgs ou villages où passent les dits chemins, d'y faire aucunes fouilles, ni de planter des arbres ou haies vives, sinon à six pieds de distance des fossés séparant les chemins de leurs héritages, et à cinq toises du pavé où il ne se trouvera pas encore de fossés de faits; le tout à peine d'amende contre les contrevenants.

Il y a contravention à l'arrêt ci-dessus dans :

1° Le fait, par un concessionnaire de distribution d'eau, d'ouvrir, sans autorisation, une tranchée dans une route nationale formant traverse d'une commune, en vue de réparer un tuyau de canalisation (C. d'Ét., *Vve Dubuc*, 28 avril 1893, p. 351) ;

2° Le fait, par une compagnie du gaz, même autorisée à établir des branchements, d'ouvrir sur une route des tranchées sans autorisation spéciale (C. d'Ét., *Coquillet*, 13 nov. 1891, p. 666);

3° Le fait, par un riverain, d'avoir par ses labours comblé le fossé d'une route nationale, encore bien que ce riverain prétendrait être propriétaire du sol du fossé.

Amende, rétablissement des lieux dans leur état primitif (C. d'Ét., *Lanteyrès*, 27 juin 1884, p. 542; *Lanteyrès*, 1er août 1884, p. 666);

4° Le fait, par un propriétaire riverain d'une route établie sur un terrain déclive, d'avoir fouillé le talus en déblai de cette route et d'avoir formé un dépôt de terre sur le talus en remblai opposé ; il n'y a pas lieu de s'arrêter à l'exception de propriété alléguée.

Amende, rétablissement des lieux dans leur état primitif. (C. d'Ét., *Bachelard*, 30 mai 1884, p. 480.)

ORDONNANCE DU 4 AOUT 1731

Embarras de la voie publique provenant du fait de l'homme, dépôts, dégradations.

Fait Sa Majesté itérative défense à tous gravatiers, laboureurs, vignerons, jardiniers et autres, de combler les fossés et d'abattre les berges qui bordent la largeur des grands chemins, et d'anticiper sur cette largeur par leurs labours ou autrement, de quelque manière que ce soit, de planter aucuns arbres à moindre distance que celle de six pieds du bord extérieur des dits fossés ou berges, de décharger aucuns gravois, fumiers, immondices et autres empêchements au passage public, tant sur les chaussées de pavés et les chemins de terre que sur les ponts et dans les rues des bourgs et villages, d'abattre aucunes bornes mises pour empêcher le passage des voitures sur les accotements des chaussées, celles qui défendent les murs de soutènement et les parapets des ponts non plus que les dits parapets; le tout à peine de 500 livres de dommages et intérêts contre chacun des contrevenants, desquelles condamnations les dits maîtres des dites voitures demeureront civilement garants et responsables, de même que les syndics des paroisses, si la contravention est commise dans le bourg ou village de leur domicile et qu'ils n'aient dûment averti les contrevenants.

Un propriétaire ne saurait être rendu responsable de la contravention résultant du dépôt de moellons sur l'accotement d'une route effectué par un maçon, si ce dépôt n'a été effectué ni pour le compte du propriétaire ni par son ordre, alors même que les matériaux seraient destinés à une construction édifiée par ce propriétaire. (C. d'Ét., *Luccioni*, 17 déc. 1897, p. 815.)

Il y a contravention dans le fait :

1° D'avoir effectué, sur un terrain servant de talus à une route départementale, des déblais qui ont compromis la solidité de ladite route et amené à certains endroits la chute de la banquette de sûreté, alors même que les travaux auraient été faits sur un terrain dont le contrevenant serait propriétaire.

Amende, réparation du dommage (C. d'Ét., *Francès*, 26 janv. 1894, p. 74) ;

2° De déposer des vidanges sur une route nationale.

Amende contre les ouvriers, le patron déclaré civilement responsable (C. d'Et., *Taïeb-Ben-Marzouk*, 3 juin 1892, p. 545) ;

3° D'effectuer des dépôts sur un terrain compris dans les limites du plan d'alignement d'une route nationale, alors même que le contrevenant n'aurait encore reçu aucune indemnité pour le terrain incorporé au domaine public sur lequel les dépôts auraient été effectués et qui lui appartenait précédemment.

Amende, enlèvement du dépôt (C. d'Ét., *Enoch,* 21 nov. 1890, p. 863);

4° De déposer du bois de chauffage sur l'accotement d'une route.

Amende, enlèvement du dépôt (C. d'Ét., *Giraudel,* 8 août 1890, p. 798);

5° De promener, sans autorisation, des chevaux sur les accotements d'une route nationale en causant des dégradations.

Amende, réparation du dommage (C. d'Et., *Fleury,* 13 avril 1889, p. 538);

6° D'avoir excédé les bornes d'une autorisation préfectorale en pratiquant une dépression d'une plus grande largeur que celle autorisée dans un trottoir bordant une route.

Amende, rétablissement de l'ouvrage dans les conditions de l'arrêté préfectoral (C. d'Et., *Nard,* 19 nov. 1886, p. 823);

7° De déverser des vidanges sur une route.

Amende, réparation du dommage (C. d'Ét., *Lhomme,* 23 janv. 1885, p. 101);

8° De déposer du bois sur les dépendances d'une route.

Amende, enlèvement du dépôt (C. d'Ét., *Collignon,* 16 févr. 1883, p. 205);

9° De rétrécir au moyen de barrières les limites d'un chemin conduisant à un débarcadère : le chemin faisant partie, comme le débarcadère, de la grande voirie.

Amende, enlèvement des barrières et frais (C. d'Ét., *Roux,* 16 juill. 1886, p. 647);

10° D'installer une machine à battre et de déposer des tas de paille sur une route nationale, sans autorisation.

Amende et frais (C. d'Ét., *Grosvallet,* 16 nov. 1900, p. 631);

11° De laisser séjourner sur une route des meubles et du foin.

Amende, condamnation aux frais d'enlèvement d'office et du procès-verbal (C. d'Ét., *Maldémé,* 13 déc. 1901, p. 886);

12° De déverser des tonneaux de vidanges dans un égout construit sous une rue d'une ville en vue de l'écoulement des eaux d'une route.

Amende, réparation du dommage. (C. d'Ét., *Lhomme*, 28 janv. 1887, p. 99.)

Mais le déversement, sans dégradation, d'eaux industrielles non nuisibles dans le caniveau dépendant d'une route nationale ne constitue pas une contravention, ce fait n'étant prévu et réprimé par aucun des règlements sur la grande voirie maintenus en vigueur par la loi des 19-22 juillet 1791 ni par aucune disposition de loi postérieure.

Même décision pour le dépôt sur une route nationale de vases provenant du bief d'un moulin appartenant à un riverain, s'il justifie d'une servitude de dépôt conférée à son auteur par une vente nationale. (C. d'Ét., *Guiblin*, 14 nov. 1884, p. 798.)

Le Conseil d'État a encore appliqué l'ordonnance du 4 août 1731 :

A l'ouverture d'un fossé sur l'accotement d'une route;

A un empiétement sur le talus du remblai d'une route ;

A la mise en culture d'un talus en remblai;

Au dépôt de matériaux nécessaires à une construction ;

A l'établissement d'échafaudage sans autorisation ;

A l'abandon d'une charrette sur la route ;

Aux détériorations des routes et des ouvrages en dépendant ; dépôt de graviers ou autres objets formant empêchement au passage public ;

A l'abatage des berges et talus ;

A des travaux de terrassement sur le talus en déblai d'une route ;

A l'abatage des bornes placées sur les accotements des chaussées, celles qui défendent les murs de soutènement et les parapets des ponts ;

Au comblement des fossés ou à l'augmentation de leur profondeur.

ARRÊT DU CONSEIL DU 16 DÉCEMBRE 1759

Pâturage des bestiaux sur les chemins plantés.

Fait, Sa Majesté, très expresses inhibitions et défenses à tous pâtres et autres gardes et conducteurs de bestiaux, de les conduire en paturage ou de les laisser repandre sur les bords des grands chemins plantés, soit d'arbres, soit de haies d'épines ou autres, à peine de 100 livres d'amende, de laquelle amende les maîtres, pères, chefs de famille et propriétaires de bestiaux seront et demeureront civilement responsables.

Cet arrêt a été appliqué à un berger qui, empruntant une route plantée pour conduire ses bestiaux à leurs pacages habituels, les laisse se répandre et pâturer dans les fossés et sur les accotements de la route.

Amende, réparation du dommage.

Le patron du berger est civilement responsable. (C. d'Ét., *Gogot,* 7 août 1891, p. 617.)

Au propriétaire d'un âne qui a mutilé des arbres plantés sur une route.

Amende, réparation du dommage et frais. (C. d'Ét., *Godard,* 5 août 1901, p. 775.)

ARRÊT DU CONSEIL DU 27 FÉVRIER 1765

Constructions et réparations le long des routes sans autorisation ni alignement. — Travaux confortatifs aux immeubles sujets à reculement.

Fait, Sa Majesté, défenses à tous particuliers, propriétaires ou autres de construire, reconstruire ou réparer aucuns édifices, pour échoppes ou choses saillantes le long des dites routes sans en avoir obtenu les alignements ou permissions desdits trésoriers de France, commissaires de Sa Majesté, à peine de démolition desdits ouvrages et de 300 livres d'amende ; et contre les maçons, charpentiers et ouvriers de pareille amende et même de plus grande peine en cas de récidive.

Constituent des contraventions :

1° Le ravalement du mur de face, le bouchage de crevasses et la restauration d'une partie en surplomb d'un immeuble non affranchi de la servitude de reculement; ces travaux sont confortatifs.

Amende, suppression des travaux indûment exécutés. (C. d'Ét., *Nottin,* 27 août 1897, p. 656.)

Toutefois, le propriétaire en possession d'un immeuble avançant sur l'alignement conserve néanmoins la libre disposition de son terrain grevé de la servitude d'utilité publique et peut y construire en retrait du mur de clôture, à la seule condition de ne pas consolider celui-ci et sous la réserve que les constructions ainsi élevées disparaîtront sans indemnité le jour où, par la ruine du mur de face, la portion retranchable sera incorporée au domaine public national, libre de toutes charges. (C. d'Ét., *de Mérode,* 9 juin 1882, p. 563; *Bourget,* 28 novembre 1884, p. 835; *Renard,* 7 février 1902, p. 97.)

2° Le fait d'exécuter sans autorisation des travaux, qu'ils soient ou non confortatifs, au mur de face d'une maison non soumise à la servitude de reculement et longeant la voie publique.

Les immeubles affranchis de la servitude de reculement sont ceux que l'alignement atteint dans une très grande profondeur et qui ne peuvent être réunis à la voie publique que par expropriation.

Par suite les propriétaires de ces immeubles peuvent y exécuter des travaux confortatifs mais avec autorisation.

Amende pour défaut d'autorisation. (C. d'Ét., *Yves et Vignaudon,* 23 juill. 1897, p. 586.)

Mais la construction d'un édifice en dehors des alignements d'une route, tels qu'ils ont été fixés par décret, ne constitue pas de contravention, les terrains situés en dehors des alignements n'étant pas soumis au régime de la grande voirie. (C. d'Ét., *Vve Gautier,* 8 août 1892, p. 734.)

3° Le fait par un boucher de placer, sans autorisation, au-dessus de la grille fermant sa boutique, une série de crochets destinés à soutenir des quartiers de viande faisant saillie sur la route.

Amende, démolition des ouvrages. (C. d'Ét., *Cousin,* 8 août 1896, p. 680.)

4° Le fait de construire, sans autorisation, en bordure de la route nationale.

Amende, démolition s'il y a empiétement sur le domaine public. (C. d'Ét., *Pons,* 1er févr. 1895, p. 117.)

5° Le fait de poser, sans autorisation, des fils électriques au-dessus d'une route nationale.

Amende, enlèvement des fils. (C. d'Ét., *Margueritat,* 13 déc. 1895, p. 829; *Camus et Mélet,* 28 déc. 1894, p. 733; *Margueritat et Lebas,* 3 juin 1893, p. 447.)

La déclaration faite en exécution du décret du 15 mai 1888 ne dispense pas de l'autorisation. (C. d'Ét., *Bruandet,* 20 avril 1894, p. 278; *Parent,* 25 mars 1892, p. 323.)

Mais il n'y a pas contravention dans le fait de poser des fils non pourvus de l'enveloppe isolante prescrite par l'arrêté d'autorisation. (C. d'Ét., *Pécard,* 4 févr. 1893, p. 108.)

6° Le fait d'avoir remplacé par de la maçonnerie un mur en torchis en saillie sur la route, relié les murs de refend au mur de la façade au moyen d'une poutre boulonnée.

Amende, enlèvement des ouvrages. (C. d'Ét., *Boutin et Biais,* 19 déc. 1890, p. 983.)

7° Le fait par le propriétaire d'un immeuble sujet à reculement d'avoir excédé l'autorisation qui lui avait été accordée (transformation d'une baie de porte en fenêtre).

Amende, mais non démolition si les travaux ne sont pas confortatifs. (C. d'Ét., *Lepany,* 9 mars 1883, p. 272.)

8° Le fait de construire un escalier en maçonnerie formant saillie sur le sol d'une route, sans autorisation ou en excédant l'autorisation accordée.

Amende, démolition des travaux. (C. d'Ét., *Villiers,* 9 févr. 1883, p. 169.)

9° Le fait de construire une maison en bordure d'une route sans autorisation ou après l'expiration du délai imparti par une autorisation délivrée antérieurement. (C. d'Et., *Carrié,* 3 févr. 1900, p. 97.)

Mais le fait d'anticipation sur le sol d'une route nationale traversant un hameau ne saurait résulter d'un alignement partiel si celui-ci, en l'absence d'un plan général d'alignement, n'était pas conforme à l'état des lieux existant au jour de la demande d'alignement. (C. d'Ét., *Fèvre,* 5 juill. 1901, p. 614.)

Le conseil de préfecture, saisi d'un procès-verbal dressé contre un propriétaire riverain d'une route départementale pour ne s'être pas conformé à l'alignement partiel qui lui avait été délivré, doit, en l'absence de plan général d'alignement, vérifier si cet alignement est conforme aux limites actuelles de la route.

Si la parcelle prétendue usurpée n'a jamais été comprise dans ces limites, la restitution du sol usurpé et la démolition de l'ouvrage ne sauraient être ordonnées. (C. d'Ét., *Micoud,* 14 févr. 1902, p. 115.)

LOI DES 26 SEPTEMBRE-6 OCTOBRE 1791

Titre II.

Mutilation ou détérioration des arbres plantés sur les routes.

ART. 43. — Quiconque aura coupé ou détérioré des arbres plantés sur les routes sera condamné à une amende du triple de la valeur des arbres.

Cet article a été appliqué au fait de couper des arbres plantés sur les remblais d'une route nationale, alors même que le contrevenant n'aurait pas encore reçu d'indemnité pour l'expropriation du terrain employé à ce remblai, ou sur le talus d'une route départementale cédé à l'État moyennant une indemnité non encore payée.

Amende triple de la valeur des arbres, réparation du dommage. (C. d'Ét., *Cheux*, 7 juill. 1893, p. 588 ; *Le Bossé*, 3 juill. 1891, p. 524.)

Cet article est encore applicable à l'élagage par le propriétaire d'arbres, le long d'une route départementale, sans une permission et sans se conformer aux époques et aux indications contenues dans l'arrêté d'autorisation. (C. d'Ét., *Gallotyer,* 29 févr. 1860, p. 168.)

LOI DU 29 FLORÉAL AN X

Contraventions ayant le caractère de contravention de grande voirie, mais ne tombant pas sous l'application des anciens édits et règlements.

Obstacles apportés à l'écoulement des eaux d'une route par des travaux exécutés sur son terrain par un riverain, pâturage des bestiaux sur les routes non plantées, etc.

Les contraventions en matière de grande voirie telles qu'anticipations, dépôts de fumiers ou d'autres objets, et toutes espèces de détériorations commises sur les grandes routes, sur les arbres qui les bordent, sur les fossés, ouvrages d'art et matériaux destinés à leur entretien..... seront constatées, réprimées et poursuivies par voie administrative.

Cette loi n'édicte pas d'amende, elle s'applique seule ou s'adjoint aux autres lois sur la matière aux fins de condamnation du contrevenant à la réparation du dommage.

Elle prévoit notamment le fait d'avoir fait

refluer les eaux d'un fossé sur une route départementale en pratiquant des travaux sur une propriété riveraine, sous réserve pour le propriétaire de demander une indemnité s'il n'est pas soumis à la servitude d'écoulement des eaux.

Pas d'amende, réparation du dommage, suppression de la cause du dommage. (C. d'Ét., *Malpas,* 13 janv. 1882, p. 51 ; *Peigné,* 26 juill. 1901, p. 705.)

Mais il faut qu'il y ait un dommage direct causé par le fait incriminé.

LOI DU 9 VENTÔSE AN XIII

Plantation d'arbres le long des routes.

Art. 5. — Dans les grandes routes dont la largeur ne permettra pas de planter sur le terrain appartenant à l'État, lorsque le particulier riverain voudra planter des arbres sur son propre terrain, à moins de 6 mètres de distance de la route, il sera tenu de demander et d'obtenir l'alignement à suivre de la préfecture du département.

L'administration applique d'une façon générale l'article 671 du Code civil qui réduit à 2 mètres la distance à observer pour les arbres dépassant 2 mètres en hauteur, et à 50 centimètres pour les autres.

DÉCRET DU 16 DÉCEMBRE 1811

Abatage d'arbres par le propriétaire sur son terrain le long d'une route.

ART. 101. — Tout propriétaire, qui sera reconnu avoir coupé sans autorisation, arraché ou fait périr les arbres plantés sur son terrain, sera condamné à une amende égale à la triple valeur de l'arbre détruit.

Cet article s'applique au propriétaire qui a fait abattre un arbre planté sur son terrain le long d'une route nationale ou départementale ou sur le sol de la route lorsque celui qui l'a abattu en est reconnu le propriétaire, conformément à l'article premier de la loi du 12 mai 1825. (C. d'Ét., *Dutuit,* 27 mai 1857, p. 422.)

Ouverture de carrières le long des routes. — Distance à observer. — Règlement pour l'exploitation.

Les arrêts du Conseil des 14 mars 1741 et 5 avril 1772 ont été abrogés et remplacés par les règlements rendus sous forme de décrets en Conseil d'État, en vertu de l'article 81 de la loi du 27 juillet 1880.

Ces décrets portent les dates des 8, 10, 12 février, 7 et 27 avril 1892.

Le règlement type donné par le ministère des travaux publics porte :

Art. 32. — Les contraventions qui auraient pour effet de porter atteinte à la conservation des routes nationales et départementales, des chemins de fer, canaux, rivières, ponts et autres ouvrages dépendant du domaine public sont constatées, poursuivies et réprimées conformément aux lois sur la police de la grande voirie.

Le bord des fouilles pour les carrières à ciel ouvert et pour les carrières souterraines doit être tenu à une distance horizontale de 10 mètres des routes ou chemins, cours d'eau, canaux.

LOI DU 30 MAI 1851

Contraventions à la police du roulage.

Cette loi s'applique aux routes nationales, départementales et aux chemins de grande communication.

Dégradations causées aux routes par la faute, la négligence ou l'imprudence des conducteurs de voitures.

Art. 9. — Lorsque par la faute, la négligence ou l'imprudence du conducteur, une voiture aura causé un dommage quelconque à une route ou à ses dépendances, le conducteur sera condamné à une amende de 3 à 50 fr. Il sera de plus condamné aux frais de la réparation.

Art. 13. — Tout propriétaire de voiture est responsable des amendes, des dommages-intérêts et des frais de réparation prononcés en vertu des articles du présent titre, contre toute personne préposée par lui à la conduite de sa voiture.

Si la voiture n'a pas été conduite par ordre ou pour le compte du propriétaire, la responsabilité est encourue par celui qui a préposé le conducteur.

Est prévu et puni par l'article 9 ci-dessus le fait par le conducteur d'une diligence de dégrader la passerelle formant une dépendance d'une grande route.

Amende, réparation du dommage.

Entrepreneur du service de diligence civilement responsable. (C. d'Ét., *Bonfante*, 15 févr. 1884, p. 152.)

Conditions de circulation des voitures.

Art. 4. — Toute contravention aux règlements rendus en exécution des dispositions des nos 1, 2, 3, 5 et 6 du premier paragraphe de l'article 2 de la loi du 30 mai 1851 et des nos 1, 2 et 3 du dernier paragraphe du même article est punie d'une amende de 5 à 30 fr.

Les règlements d'administration publique rendus en exécution dudit article 2 portent les dates du 10 août 1852 et du 29 août 1863.

DÉCRET DU 10 AOUT 1852

Règles applicables à toutes les voitures.

Roues.

Art. 1er. — Les essieux des voitures ne peuvent avoir plus de 2m,50, ni dépasser le moyeu de plus de 6 centimètres.

La saillie des moyeux y compris celle des essieux ne doit pas excéder 12 centimètres.

Clous des bandes.

Art. 2. — Ils doivent être rivés à plat et ne peuvent former une saillie de plus de 5 millimètres.

Est prohibée notamment la circulation sur une route ou un chemin vicinal de grande communication d'une machine à vapeur dont les bandes des roues sont garnies de plaques transversales en forme de saillie.

Amende et frais. (C. d'Ét., *Lussaux,* 6 juill. 1889, p. 841.)

Nombre de chevaux attelés à une même voiture.

Art. 3. — Pour les voitures à deux roues servant au transport des marchandises, le maximum est de cinq chevaux et de huit pour les voitures à quatre roues.

Pour les voitures servant au transport des personnes, il ne peut être attelé plus de trois chevaux si elles sont à deux roues et plus de six, si elles sont à quatre roues.

Passage des voitures sur les ponts suspendus.

Art. 8. — Pendant la traversée du pont les chevaux doivent être mis au pas, les voituriers doivent tenir les guides en mains, les guides et postillons doivent rester sur leurs sièges.

Les chevaux ne doivent pas être dételés pour le passage du pont.

Deux voitures attelées de plus de cinq chevaux ne peuvent s'engager en même temps sur le tablier d'une travée.

Règles spéciales applicables aux voitures ne servant pas au transport des personnes.

Largeur du chargement.

Art. 11. — Elle est fixée à $2^m,50$, sauf les exceptions que peuvent autoriser les préfets.

Saillie des colliers des chevaux.

Art. 12. — Elle ne peut dépasser 90 centimètres.

Mode d'enrayage.

Le règlement ne statue pas sur ce point. Si le mode d'enrayage cause des dégradations, il tombe sous l'application de l'article 9 de la loi du 30 mai 1851 ci-dessus.

DÉCRET DU 20 AOUT 1863

Barrières de dégel.

Le ministre des travaux publics détermine les départements où il pourra être établi sur les routes nationales et départementales des barrières pour interdire la circulation pendant le dégel.

Le préfet détermine les routes nationales et départementales et les chemins de grande communication sur lesquels des barrières seront établies.

Exception est faite en faveur des voitures non chargées, des courriers, des voitures particulières servant au transport des personnes, des voitures chargées montées sur roues à jantes d'au moins 11 centimètres de largeur et dont l'attelage ne dépasse pas le nombre de chevaux fixé par le préfet.

Les contraventions au présent article sont punies de l'amende de 5 à 30 fr. et des frais de réparation. (Art. 4 et 9 de la loi du 30 mai 1851.)

Procès-verbaux. — Affirmation. — Enregistrement. — Peuvent dresser des procès-verbaux en matière de police du roulage les agents désignés à cet effet en matière de contravention de grande voirie et, en outre, les agents spécialement désignés à l'article 15 de la loi du 30 mai 1851 : conducteurs, agents voyers, cantonniers chefs et autres employés du service des ponts et chaussées ou des chemins vicinaux de grande communication commissionnés à cet effet, les gardes champêtres, les employés des contributions indirectes, agents forestiers ou des douanes et employés des poids et mesures ayant droit de verbaliser et les employés des octrois ayant le même droit et toute personne commissionnée par l'autorité départementale pour la surveillance de l'entretien des voies de communication.

Pour les agents spécialement désignés à l'article 15, l'affirmation est obligatoire, à peine de nullité dans les trois jours. (Art. 18 de la loi du 3 mai 1851.)

L'enregistrement de tous les procès-verbaux est obligatoire à peine de nullité dans les trois jours de leur date ou de leur affirmation. (Art. 19.)

Procédure. — Les règles tracées par les articles 22, 23 et 24 de la loi du 30 mai 1851 ont été maintenues en vigueur par l'article 10 de la loi du 22 juillet 1889.

Copie du procès-verbal ainsi que de l'affirmation, quand elle est prescrite, est notifiée avec citation par la voie administrative au domicile du propriétaire tel qu'il est indiqué sur la plaque ou tel qu'il a été déclaré par le contrevenant, et, quand il y a lieu, à celui du conducteur; cette notification a lieu dans le mois de l'enregistrement à peine de déchéance. Le délai est étendu à deux mois lorsque le contrevenant n'est pas domicilié dans le département où la contravention a été commise; il est étendu à un an lorsque le domicile du contrevenant n'a pu être constaté au moment du procès-verbal.

Si le domicile du conducteur est resté inconnu, toute notification qui lui est faite au domicile du propriétaire est valable.

Le prévenu est tenu de produire ses moyens de défense dans le délai de trente jours à compter de la notification du procès-verbal.

A l'expiration du délai fixé, le conseil de préfecture prononce lors même que les moyens de défense n'auraient pas été produits.

Son arrêté est notifié au contrevenant dans la forme administrative, dix jours au moins avant toute exécution.

Si la condamnation a été prononcée par

défaut, la notification faite au domicile énoncé sur la plaque est valable.

L'opposition à l'arrêté rendu par défaut devra être formulée dans le délai de quarante jours à compter de la date de la notification.

Prescription. — L'instance est périmée par six mois à compter de la date du dernier acte des poursuites et l'action publique est éteinte, à moins de fausse indication sur la plaque ou de fausse déclaration en cas d'absence de plaque.

Les amendes se prescrivent par une année, sauf les cas de fausse indication ou de fausse déclaration dans lesquels la prescription n'est acquise qu'après cinq années.

CHAPITRE III

CONTRAVENTIONS COMMISES SUR LES CHEMINS VICINAUX

Sont compris dans cette désignation les chemins de grande communication, d'intérêt commun et les chemins vicinaux ordinaires et les rues qui en sont le prolongement.

LOI DU 9 VENTÔSE AN XIII

Anticipations ou usurpations sur le sol ou les dépendances d'un chemin vicinal.

ART. 7. — A l'avenir, nul ne pourra planter sur les bords des chemins vicinaux, même dans sa propriété, sans leur conserver la largeur qui leur aura été fixée en exécution de l'article précédent.

D'après cet article, le conseil de préfecture n'est chargé que d'ordonner la restitution du sol usurpé et le rétablissement des lieux dans leur état primitif.

Un délai est accordé au contrevenant pour exécuter l'arrêté; faute de ce faire dans le délai imparti, l'arrêté est exécuté à ses frais par les soins du maire.

L'usurpation ne peut être établie que lorsque le chemin a été régulièrement classé et ses limites déterminées par un plan approuvé, à moins qu'il n'y ait suppression et fermeture complète du chemin par des barrières ou par une prise de possession quelconque. (C. d'Ét., *Ponceau,* 1er fév. 1884, p. 96.)

Il appartient au conseil, juge de la contravention, d'apprécier la légalité de l'arrêté de classement et de l'interpréter; mais s'il y a contestation sur la question de savoir à quel chemin il s'applique, c'est à l'autorité qui l'a pris à décider.

Constituent des contraventions :

L'établissement d'une clôture sur un chemin vicinal (C. d'Ét., *Giraudet,* 24 mars 1893, p. 261);

L'incorporation des fossés d'un chemin

vicinal à la propriété riveraine au moyen d'une clôture en bois sec (C. d'Ét., *V*[ve] *Vallerand,* 17 nov. 1882, p. 896) ;

L'établissement sans autorisation d'une canalisation sous le sol d'un chemin vicinal. (C. d'Ét., *Denis,* 5 avril 1889, p. 461.)

Questions préjudicielles. — L'arrêté fixant les limites du chemin incorpore *ipso facto* à la voie publique le sol compris dans les limites qu'il détermine.

Il résulte de là qu'il n'y a pas lieu de surseoir jusqu'à ce que la question préjudicielle de propriété ait été tranchée :

Lorsque le chemin a été régulièrement classé et ses limites déterminées, le droit du propriétaire des parcelles incorporées à la voie publique se résout en une indemnité (C. d'Ét., *Ponceau,* 1er févr. 1884, p. 96 ; *Natali,* 15 juin 1883, p. 554) ;

Lorsque le conseil est régulièrement saisi d'une contravention pour usurpation, l'exception de litispendance tirée de ce que la juridiction civile serait saisie de la question de propriété ne peut être valablement opposée. (C. d'Ét., *Giraudet,* 24 mars 1893, p. 261.)

Lorsque le chemin a été régulièrement classé par des décisions qui n'ont fait l'objet d'aucun recours de la part des intéressés. (C. d'Ét., *Desgranges,* 31 janv. 1890, p. 90.)

Au contraire, il y a lieu de surseoir :

Si le chemin reconnu n'était pas un chemin public avant le classement et si la question de propriété de l'assiette du chemin est soulevée. (C. d'Ét., *Tardieu,* 19 juin 1891, p. 457.)

Procès-verbaux. — Procédure. — Les agents ayant droit de verbaliser en la matière sont: les maires et adjoints, les commissaires de police, les agents voyers et les gardes champêtres.

L'affirmation doit être faite dans les vingt-quatre heures de la rédaction ; elle n'est obligatoire que pour les gardes champêtres.

L'enregistrement doit avoir lieu dans les quatre jours de la même date.

La poursuite appartient au maire pour les

chemins vicinaux ordinaires et au préfet pour les chemins de grande communication et d'intérêt commun.

La procédure à suivre est celle tracée par l'article 10 de la loi du 22 juillet 1889.

CHAPITRE IV

CONTRAVENTIONS COMMISES SUR LES CHEMINS DE FER D'INTÉRÊT GÉNÉRAL

Les chemins de fer d'intérêt général et leurs dépendances sont assujettis seulement à ceux des règlements de grande voirie qui leur ont été spécialement déclarés applicables.

Les dépendances des chemins de fer sont : les stations, gares, locaux affectés au buffet, les cours, avenues et voies donnant accès aux gares.

Les contraventions sont de deux sortes, celles auxquelles sont applicables les anciennes lois et règlements et celles spécialement prévues par la loi du 15 juillet 1845.

CONTRAVENTIONS AUXQUELLES SONT APPLICABLES LES ANCIENNES LOIS ET RÈGLEMENTS

Les articles 2 et 3 de la loi du 15 juillet 1845 rendent applicables aux chemins de fer les lois et règlements sur la grande voirie, qui ont pour objet d'assurer la conservation des fossés, talus, levées et ouvrages d'art dépendant des routes et d'interdire, sur toute leur étendue, le pacage des bestiaux et les dépôts de terre et autres ouvrages quelconques, et les lois et règlements qui concernent :

L'alignement ;

L'écoulement des eaux ;

L'occupation temporaire des terrains en cas de réparation ;

La distance à observer pour les plantations et l'élagage des arbres plantés ;

Le mode d'exploitation des mines, minières, tourbières, carrières et sablières dans la zone déterminée à cet effet.

Toutes les fois qu'il n'y a pas été dérogé par la loi du 15 juillet 1845, les peines pour les contraventions de voirie sont celles édictées par les anciens règlements.

C'est ainsi que le Conseil d'État a appliqué aux faits suivants :

1° L'ARRÊT DU CONSEIL DU 17 JUIN 1721

Plantation, sans autorisation, d'une haie vive à moins de 6 pieds de la voie ferrée, alors même qu'il n'y a pas eu empiètement sur le domaine public. (C. d'Ét., *Buffet-Rivet,* 11 déc. 1891, p. 763.)

Plantation, sans autorisation, d'une haie vive en bordure de la voie. (Même arrêt.)

2° L'ORDONNANCE DU 4 AOUT 1731

A) Plantation et travaux de terrassement et de construction dans le périmètre du terrain compris dans le chemin de fer.

Amende, restitution du sol usurpé et frais. (C. d'Ét., *Arnaud,* 9 avril 1897, p. 337.)

B) Dépôts de fûts vides le long de la voie ferrée à des distances prohibées par les règlements.

Amende, déplacement des fûts et frais. (C. d'Ét., *Chozenon frères*, 26 déc. 1891, p. 827.)

C) Le fait de pratiquer, sans autorisation, dans les talus d'une avenue dépendant d'un chemin de fer et créé en vue de relier une gare à des voies publiques classées, une rampe destinée à permettre l'entrée d'une propriété riveraine.

Amende, rétablissement des lieux dans leur état primitif et frais. (C. d'Ét., *Meuret*, 1er févr. 1884, p. 108.)

Mais le fait de briser la clôture établie le long de cette avenue ne constitue pas une contravention, alors que l'établissement de cette clôture n'a pas été régulièrement autorisé. (C. d'Ét., *Vve Forneret*, 12 déc. 1884, p. 908.)

D) Le fait par un industriel d'avoir effectué un dépôt de cendres pyrites sur la voie ferrée du quai d'un port.

Amende, enlèvement des cendres et frais. (C. d'Ét., *Lagache*, 30 mai 1884, p. 481.)

E) Occupation illicite d'un terrain dépendant de la voie ferrée et formant talus du chemin d'accès d'une station.

Amende, enlèvement de la clôture, restitution du terrain occupé et frais. (C. d'Et., *Lhotellier*, 9 août 1893, p. 702.)

3° L'ARRÊT DU CONSEIL DU 16 DÉCEMBRE 1759

A) Introduction d'animaux sur la voie ferrée alors que la haie qui bordait la voie au droit du champ où ces animaux avaient été laissés en pâture n'était pas discontinue ou malgré une clôture continue et en bon état.

Amende et frais. (C. d'Ét., *Pelé*, 9 mars 1894, p. 193; *Beucherie*, 3 déc. 1886, p. 865; *Castan*, 1er mai 1885, p. 483; *Bignat*, 4 déc. 1885, p. 937.)

Alors même qu'aux termes d'une convention passée entre la compagnie et l'auteur du contrevenant, la compagnie est tenue d'établir une clôture effective, s'opposant à l'introduction des animaux sur la voie ferrée et sous réserve de faire valoir devant la juridiction compétente les droits que le contrevenant prétend tenir de cette convention. (C. d'Ét., *Hameau*, 26 avril 1901, p. 410.)

Mais l'introduction d'animaux sur une voie ferrée non clôturée ni plantée d'arbres, par suite d'une dispense légale, ne constitue pas une contravention de grande voirie si les animaux n'ont commis aucun dégât. (C. d'Ét., *Tahar-ben-Chelali,* 29 déc. 1893, p. 897.)

B) Introduction d'animaux sur une voie ferrée dont la clôture, conforme au mode admis par l'administration, a du côté de la voie la hauteur réglementaire (1 mètre), alors même que par suite de l'exhaussement par la commune du chemin latéral à la voie ferrée la hauteur de la clôture ne serait du côté du chemin que de $0^{m},88$.

Amende, réparation et frais. (C. d'Ét., *Lebaudy,* 21 mars 1890, p. 327.)

Même décision alors même que la clôture ne répondrait pas aux conditions souscrites par la compagnie envers le propriétaire riverain de la ligne.

Amende, réparation et frais. (C. d'Ét., *Lepecq,* 19 déc. 1890, p. 984.)

Même décision en l'absence même de toute dégradation.

Amende et frais. (C. d'Ét., *Cosnard,* 14 nov. 1890, p. 835 ; *Vilaine,* 28 nov. 1890, p. 889.)

C) Introduction d'un cheval par un passage à niveau régulièrement ouvert.

Amende et frais. (C. d'Ét., *Dorizon,* 15 fév. 1889, p. 229 ; *Moulin,* 5 juill. 1889, p. 841 ; *Chédebois,* 3 déc. 1886, p. 868.)

Mais ne constituent pas des contraventions :

L'introduction d'un attelage sur la voie ferrée et la détérioration de la barrière d'un passage à niveau qui fermait mal et était insuffisamment éclairée, ou qui était entr'ouverte seulement pour les piétons ou laissée ouverte à un moment où elle aurait dû être fermée (C. d'Ét., *Desouches,* 9 avril 1897, p. 338 ; *Collet-Lorent,* 15 déc. 1899, p. 748 ; *Breton,* 7 août 1883, p. 790) ;

L'introduction d'une vache sur la voie ferrée par une brèche de la clôture pouvant livrer passage. (C. d'Ét., *Mourault,* 24 juin 1892, p. 578.)

4° L'ARRÊT DU CONSEIL DU 27 FÉVRIER 1765

Le fait de contrevenir à un alignement délivré par le préfet.

Amende, démolition des travaux et frais. (C. d'Ét., *Colein,* 11 mai 1883, p. 489.)

5° LA LOI DU 29 FLORÉAL AN X

A) Bris, par accident, de la grille d'une gare.

Pas d'amende, réparation du dommage et frais. (C. d'Ét., *Lemoine,* 16 mars 1894, p. 232.)

B) Dégradation d'une barrière dépendant d'un chemin de fer. (C. d'Ét., *Laurent,* 8 avril 1892, p. 388; *Schack,* 4 déc. 1891, p. 740.)

C) Destruction, par un riverain d'une voie ferrée, d'un fossé servant à l'écoulement des eaux et appropriation du terrain pour le mettre en culture. (C. d'Ét., *Bosse,* 30 mai 1884, p. 480.)

D) Établissement, sans autorisation, d'un drain sous le sol de l'avenue d'une gare.

Suppression du drain, rétablissement des lieux dans leur état primitif et frais. (C. d'Ét., *Laporte,* 7 août 1886, p. 750.)

Mais ne constitue pas une contravention,

Le bris d'une clôture non autorisée placée sur les côtés latéraux d'une avenue conduisant à une gare. (C. d'Ét., *Peyron,* 22 mai 1885, p. 559.)

6° LA LOI DU 9 VENTÔSE AN XIII

A) Plantation d'arbres sur son terrain à moins de 6 mètres de la voie ferrée, sans avoir demandé l'alignement au préfet. (Art. 5.)

Amende, suppression des plantations et frais. (C. d'Ét., *Vve Teulade,* 2 avril 1897, p. 290; *Martin,* 27 février 1891, p. 167.)

B) Plantation, sans autorisation, d'arbres le long d'une voie ferrée sans déblai ni remblai à moins de 6 mètres du bord extérieur du fossé latéral de la voie ferrée (même article).

Amende, abatage des arbres et frais. (C. d'Ét., *Martin,* 27 févr. 1891, p. 167; *Phelippon,* 13 nov. 1891, p. 666; *Phelippon,* 7 mars 1890, p. 265.)

7° LA LOI DES 28 SEPTEMBRE-6 OCTOBRE 1791 ET LE DÉCRET DU 16 DÉCEMBRE 1811

Si les riverains des chemins de fer sont obligés d'observer, pour les plantations qu'ils feraient, la distance fixée par les lois et règlements, l'administration ne peut s'opposer à l'abatage des arbres leur appartenant situés le long de la voie ferrée ; les lois ci-dessus n'ayant pas pour objet la conservation des dépendances des routes ne sont pas applicables aux chemins de fer.

8° LES RÈGLEMENTS DÉPARTEMENTAUX CONCERNANT L'OUVERTURE ET L'EXPLOITATION DES CARRIÈRES

Ouverture et exploitation d'une carrière le long d'un chemin de fer à une distance moindre que celle déterminée par les règlements en vigueur dans le département pour les chemins dépendant de la grande voirie. (C. d'Ét., *Masselin,* 28 mai 1880, p. 503.)

Amende de l'article 11 de la loi du 15 juillet 1845, ci-après.

Fouilles pratiquées à moins de 10 mètres d'une ligne de chemin de fer.

Même amende. (C. d'Ét., *Picquet*, 11 déc. 1896, p. 834.)

CONTRAVENTIONS PRÉVUES SPÉCIALEMENT PAR LA LOI DU 15 JUILLET 1845

ART. 11. — Les contraventions aux dispositions du présent titre seront constatées, poursuivies et réprimées comme en matière de grande voirie.

Elles seront punies d'une amende de 16 à 300 fr.

Elles consistent notamment dans :

1° Le fait par une compagnie d'avoir négligé de faire fermer par des barrières un passage à niveau. (Art. 4.)

2° La construction d'un bâtiment autre qu'un mur de clôture à moins de 2 mètres d'un mur de soutènement de la voie ferrée. (Art. 5.)

Amende, démolition de la construction. (C. d'Ét., *Weidknecht*, 9 août 1893, p. 701.)

Le fait par un riverain de prendre jour et

accès sur les côtés latéraux d'une avenue conduisant à une gare et d'y laisser écouler les eaux pluviales provenant de l'égout des toits de ses bâtiments, si ces eaux ne causent aucune dégradation, ne constitue pas une contravention (art. 5 de la loi du 15 juill. 1845; les articles 676 et 681 du Code civil ne sont pas applicables. — C. d'Ét., *Peyron*, 22 mai 1885, p. 559.)

Même décision pour la construction d'un mur de clôture et d'un escalier sur l'avenue de la cour d'une gare de marchandises, s'il n'est pas justifié que le terrain, sur lequel a été établie la construction, fasse partie du domaine public. (C. d'Ét., *Vuaillat et Thomasset*, 24 juin 1892, p. 579).

3° L'interdiction, dans les localités où le chemin de fer se trouvera en remblai de plus de 3 mètres au-dessus du terrain naturel, de pratiquer, sans autorisation, des excavations dans une zone de largeur égale à la hauteur verticale du remblai mesurée à partir du pied du talus (art. 6).

4° L'interdiction d'établir, à une distance de moins de 20 mètres d'un chemin de fer desservi par des machines à feu, des couvertures en chaume, des meules de paille, de foin et aucun autre dépôt de matières inflammables, sauf les dépôts de récoltes faits seulement pour le temps de la moisson (art. 7).

Ne rentre pas dans la prohibition édictée par cet article le fait de construire un hangar couvert en carton bitumé et sablé à moins de 20 mètres de l'axe de la voie ferrée. (C. d'Ét., *Huchet,* 26 mars 1897, p. 264.)

L'établissement de réservoirs de pétrole en tôle hermétiquement clos, à moins de 20 mètres de l'axe de la voie ferrée, ne constitue pas davantage une contravention à l'article 7 qui, d'après la jurisprudence, ne prohibe que les dépôts à l'air libre, c'est-à-dire dans des conditions où les matières inflammables sont exposées à être atteintes par les flammèches des locomotives circulant sur la voie ferrée. (C. d'Ét., *Deutsch,* 14 février 1902, p. 115.)

Lorsqu'un dépôt de fourrages est situé non en bordure de la voie mais le long des dépendances du chemin de fer qui ne servent pas au passage des machines et que ce chemin de fer est en déblai, la distance de 20 mètres exigée par l'article 7 doit être mesurée à partir d'une ligne tracée à 1m,50 du rail le plus voisin et non à partir de l'arête supérieure du déblai (art. 5, § 2).

Amende, enlèvement du dépôt. (C. d'Ét., *Caillaud,* 7 août 1891, p. 620.)

5° Dépôt de pierres ou objets non inflammables dans une distance de moins de 5 mètres d'un chemin de fer sans autorisation.

L'autorisation n'est pas nécessaire, dans les localités où le chemin de fer est en remblai, pour les dépôts de matières non inflammables dont la hauteur n'excède pas celle du remblai du chemin et pour les dépôts temporaires d'engrais et autres objets nécessaires à la culture des terres.

LOI DU 15 JUILLET 1845

Contraventions de voirie commises par les concessionnaires ou fermiers de chemins de fer.

Art. 12. — Lorsque le concessionnaire ou fermier de l'exploitation d'un chemin de fer contreviendra aux clauses du cahier des charges et aux décisions rendues en exécution de ces clauses, en ce qui concerne le service de la navigation, la viabilité des routes nationales, départementales et vicinales, ou le libre écoulement des eaux, procès-verbal sera dressé de la contravention soit par les ingénieurs des ponts et chaussées ou des mines, soit par les conducteurs, gardes-mines et piqueurs dûment assermentés.

ART. 13. — Les procès-verbaux, dans les quinze jours de leur date, seront notifiés administrativement au domicile élu par le concessionnaire ou le fermier, à la diligence du préfet, et transmis dans le même délai au conseil de préfecture du lieu de la contravention.

ART. 14. — Les contraventions prévues à l'article 12 seront punies d'une amende de 300 à 3 000 fr.

Constitue une contravention de cette nature le fait :

1° D'avoir négligé de munir de barrières et de gardiens, pendant la circulation des trains de ballast, divers passages à niveau.

Amende de 300 à 3 000 fr. (C. d'Ét., *Compagnie des chemins de fer de Lille à Valenciennes,* 4 août 1876, p. 783.)

2° D'avoir posé des rails en saillie sur les passages à niveau. (C. d'Ét., *Même compagnie,* 4 août 1876, p. 784.)

3° De n'avoir pas présenté le projet des travaux destinés à assurer l'écoulement des eaux et la viabilité aux diverses voies de communication traversées par la voie ferrée. (C. d'Ét., *Même compagnie,* 4 août 1876, p. 785.)

4° De n'avoir pas construit un aqueduc prescrit par un arrêté préfectoral. (C. d'Ét., *Même compagnie,* 4 août 1876, p. 785.)

5° D'avoir fait procéder à la rectification d'un chemin vicinal donnant accès à une station sans que le tracé de cette voie et les conditions de son établissement aient été régulièrement arrêtés. (C. d'Ét., *Chemins de Lyon,* 31 mars 1874, p. 331.)

6° De n'avoir pas entretenu les clôtures d'un chemin de fer. (Non résolu par l'arrêt mais admis par le ministre, voir note.) [C. d'Ét., *Chemins de fer de l'ouest,* 7 avril 1864, p. 335.]

Procès-verbaux. — Procédure. — Les agents chargés de verbaliser en la matière, sauf pour les contraventions de l'article 12 ci-dessus, sont : 1° les officiers de police judiciaire, savoir : gardes champêtres, gardes forestiers, commissaires de police, maires et adjoints, procureurs de la République et leurs substituts, juges de paix, officiers de gendarmerie, juges d'instruction;

2° Les ingénieurs des ponts et chaussées, ingénieurs des mines, conducteurs des ponts et chaussées, conducteurs des mines, agents assermentés des compagnies de chemins de fer (art. 23), commissaires spéciaux de police et les agents sous leurs ordres;

3° Commissaires de surveillance administrative. (Art. 51, 57 et 59 de l'ordonnance du 15 novembre 1846.)

L'affirmation des procès-verbaux est obligatoire seulement pour les agents de surveillance et gardes assermentés des compagnies (art. 24).

Elle doit avoir lieu dans les trois jours, à peine de nullité.

Le timbre et l'enregistrement en débet n'est pas prescrit à peine de nullité.

D'après l'article 26 de la loi du 15 juillet 1845, l'article 463 du Code pénal est applicable aux condamnations qui seront prononcées en vertu de ladite loi.

Il n'y a pas de procédure spéciale.

CHAPITRE V

CONTRAVENTIONS COMMISES SUR LES CHEMINS DE FER D'INTÉRÊT LOCAL ET LEURS DÉPENDANCES

LOI DU 11 JUIN 1880

Art. 20. — Par dérogation aux dispositions de la loi du 15 juillet 1845, sur la police des chemins de fer, le préfet peut dispenser de poser des clôtures sur tout ou partie de la voie ferrée; il peut également dispenser de poser des barrières au croisement des chemins peu fréquentés.

Il résulte de là que les dispositions de la loi du 15 juillet 1845, en ce qui concerne les contraventions, sont applicables aux chemins de fer d'intérêt local.

Mais si la voie ferrée n'est ni clôturée, ni plantée d'arbres par suite d'une dispense légale, l'introduction d'animaux sur cette voie ne constitue pas une contravention de grande voirie si les animaux n'ont commis aucun dégât. L'arrêt du 16 décembre 1759 n'est pas applicable. (C. d'Ét., *Tahar-ben-chelali*, 29 déc. 1893, p. 896.)

CHAPITRE VI

CONTRAVENTIONS COMMISES SUR LES TRAMWAYS

LOI DU 11 JUIN 1880

Art. 37. — La loi du 15 juillet 1845, sur la police des chemins de fer, est applicable aux tramways, à l'exception des articles 4, 5, 6, 7, 8, 9 et 10.

Il résulte de là que les dispositions édictées par les articles 1, 2, 3 et 11 de la loi du 15 juillet 1845, concernant la conservation de la voie ferrée, et par les articles 12, 13 et 14, et relatives aux contraventions commises par les concessionnaires ou fermiers aux clauses du cahier des charges et aux décisions rendues en exécution de ces clauses, en ce qui concerne le service de la navigation, la viabilité des routes nationales, départementales et vicinales ou le libre écoulement des eaux, sont applicables aux tramways.

Constituent des contraventions de grande voirie :

Un dépôt de bois ou de matériaux sur une voie ferrée affectée à un tramway. (C. d'Ét., *Teyssier,* 22 déc. 1882, p. 1084; *Lagache,* 30 mai 1884, p. 481.)

Un dépôt de bois sur une partie d'un quai affecté au tramway dans les conditions prévues par la loi du 11 juin 1880, à une distance de la voie ferrée prohibée par les règlements. (C. d'Ét., *Chozenon,* 26 déc. 1891, p. 827.)

Le fait de donner aux vides ou ornières existant sur le sol de la voie une largeur plus grande que celle prévue par le cahier des charges (29 millimètres dans les parties droites et 35 dans les parties courbes). [Art. 5, § 4, du décret du 6 août 1881.]

Amende de 300 à 3 000 fr. de l'article 14 de la loi du 15 juillet 1845. (C. d'Ét., *Société des chemins de fer à voie étroite du Midi,* 15 mai 1891, p. 410.)

Mais le conseil de préfecture n'est pas

compétent pour statuer sur les contraventions aux dispositions du cahier des charges qui limitent la vitesse des trains sur les voies nationales ou vicinales, qui prescrivent l'emploi de locomotives ne répandant ni flammèches ni escarbilles, ou qui permettent au préfet de régler l'horaire des trains.

Ces dispositions n'intéressent point le service de la navigation, le libre écoulement des eaux ou la viabilité des routes et chemins. (C. d'Ét., *Société des chemins de fer à voie étroite du Midi,* 15 mai 1891, p. 409.)

CHAPITRE VII

CONTRAVENTIONS COMMISES SUR LES COURS D'EAU NAVIGABLES ET FLOTTABLES, LES RIVIÈRES CANALISÉES, LES CANAUX DE NAVIGATION ET SUR LEURS DÉPENDANCES ET ACCESSOIRES

Le décret du 10 avril 1812 rend applicable aux rivières navigables et canaux le titre IX du décret du 16 décembre 1811 relatif à la répression des contraventions de grande voirie.

Les rivières navigables sont celles comprises dans la nomenclature annexée à l'ordonnance du 10 juillet 1835, qui peut être modifiée par des décrets postérieurs.

Sont considérées comme flottables, et soumises au même régime que les rivières navigables, les rivières flottables en trains et radeaux, mais non celles flottables à bûches perdues.

Le conseil de préfecture saisi d'un procès-verbal de contravention est compétent pour constater la navigabilité d'une rivière, même comprise dans la nomenclature, au lieu où la contravention a été commise. (C. d'Ét., *Penin,* 25 avril 1890, p. 425.)

Ou pour vérifier si le terrain sur lequel la contravention a été commise est compris dans les limites d'un fleuve ou d'une rivière navigable.

Le lit comprend tout le terrain que couvrent les plus hautes eaux coulant à pleins bords avant tout débordement.

Les limites doivent être établies en prenant pour base de la délimitation non un plan d'eau général, mais un niveau préalablement reconnu pour être, dans la section du fleuve dont il s'agit, celui des eaux coulant à pleins bords avant tout débordement soit sur les rives continentales, soit sur celles des îles. (C. d'Ét., *Drouet,* 24 janv. 1890, p. 78; *Véron,* 22 mars 1889, p. 408.)

Les dépendances et accessoires des rivières navigables sont :

1° Les bras navigables ou non des rivières

navigables et des rivières canalisées (Arrêt du Conseil du 10 août 1694);

2° Les noues, boires ou fossés alimentés par une rivière navigable ou flottable, quand même ils ne seraient pas navigables en tout temps et dans toute leur étendue;

3° Les ouvrages d'art, ponts ouverts à la navigation, les gares et abreuvoirs dépendant des rivières navigables ou flottables, les quais qui les bordent;

4° Les digues artificielles des rivières navigables et des rivières canalisées;

5° Les ponts, bateaux et bacs entretenus par l'État;

6° Les atterrissements dans le lit d'un fleuve, pourvu qu'ils fassent toujours partie du lit du fleuve;

7° Les affluents d'une rivière navigable et les courants qui s'en séparent pour ne plus s'y réunir, s'ils sont eux-mêmes navigables (C. d'Ét., *Chapheau*, 7 juill. 1893, p. 587);

8° Les digues et les francs bords d'un canal, les ouvrages d'art et les réservoirs destinés à l'alimenter ou à recevoir les eaux excédantes, les rigoles d'alimentation;

9° Les pépinières se trouvant le long des canaux et destinées à renouveler les arbres des francs bords ;

10° Les canaux d'amenée d'un moulin dérivant d'un canal navigable.

ÉDIT DU 13 AOUT 1669

Titre XXVII.

Extractions de terres, sables et autres matériaux près des rivières navigables.

ART. 40. — Ne seront tirées terres, sables et autres matériaux à 6 toises près des rivières navigables, à peine de 100 livres d'amende.

Cet article a été reproduit par l'article 4 de l'arrêt du Conseil du 24 juin 1777 (voir ci-après) qui a porté l'amende à 500 fr.

L'entrepreneur qui, après avoir été autorisé à extraire du ballast dans le lit d'une rivière navigable, dépasse les limites qui lui avaient été assignées et dégrade le chemin de halage, commet une contravention.

Amende, réparation du dommage et frais. (C. d'Ét., *Jonon,* 28 janv. 1887, p. 97.)

La prohibition ne s'étend pas seulement aux extractions faites sur le bord, mais aussi à celles pratiquées dans le lit même des rivières.

C'est ainsi que les mêmes condamnations ont été appliquées au propriétaire d'un moulin alimenté par les eaux d'une rivière navigable qui avait fait curer le canal d'amenée de son usine. (C. d'Ét., *Dietsch,* 23 déc. 1844, p. 670.)

Travaux faits sans autorisation dans une rivière navigable ou sur les rives.

Art. 42, § 1er. — Nul, soit propriétaire ou engagiste, ne pourra faire moulins, batardeaux, écluses, gords, pertuis, murs, plants d'arbres, amas de pierres, de terres et de fascines, ni autres édifices ou empêchements nuisibles au cours de l'eau dans les fleuves et rivières navigables et flottables, ni même y jeter aucunes ordures, immondices, ou les amasser sur les quais et rivages, à peine d'amende arbitraire.

§ 2. — Enjoignons à toutes personnes de les ôter dans les trois mois du jour de la publication des présentes ; et si aucuns se trouvent subsister après ce temps, voulons qu'ils soient incessamment ôtés et levés à la diligence de nos procureurs des maîtrises aux frais et dépens de ceux qui les auront faits ou causés sous peine de 500 livres d'amende.

Le paragraphe 1er, reproduit par l'article 1er de l'arrêt du Conseil du 24 juin 1777, a été appliqué au cas suivant :

Dépôt de pierres de taille sur le chemin de halage d'une rivière navigable sans autorisation ou contrairement aux conditions de l'autorisation.

Amende, enlèvement du dépôt et frais. (C. d'Ét., *Solvet*, 11 janv. 1895, p. 29.)

Le paragraphe 2 n'est applicable qu'au cas de non-enlèvement, dans les délais fixés, des moulins, bâtardeaux, écluses, etc., illégalement construits sur les rivières navigables à l'époque de la publication de l'ordonnance de 1669 ou aux simples réparations faites sans autorisation aux constructions antérieures à ladite ordonnance.

Amende, destruction des ouvrages et frais. (C. d'Ét., *Fort*, 26 nov. 1839, p. 549.)

Détournement de l'eau des rivières navigables pour l'établissement de tranchées, fossés et canaux.

ART. 44. — Défendons à toutes personnes de détourner l'eau des rivières navigables et flottables, ou d'en affaiblir et altérer le cours par tranchées, fossés et canaux, à peine contre les contrevenants d'être punis comme usurpateurs et les choses réparées à leurs dépens.

Cet article est reproduit par l'article 4 de l'arrêt du Conseil du 24 juin 1777.

Il a été appliqué à une prise, même ancienne, pratiquée dans une rivière navigable, dès lors qu'on ne justifie pas d'une autorisation. (C. d'Ét., *Hébert,* 19 mai 1843, p. 216.)

Fixation de l'indemnité due aux propriétaires de moulins pour le chômage causé par le passage des bateaux. — Retards apportés à la navigation et au flottage.

Art. 45. — Réglons et fixons le chômage de chacun moulin qui se trouvera établi sur les rivières navigables et flottables avec droits, titres et concessions à 40 sous pour le temps de vingt-quatre heures . . . .
faisant très expresses défenses à toutes personnes d'en exiger davantage, ni de retarder en aucune manière la navigation et le flottage à peine de 1 000 livres d'amende, outre les dommages et intérêts, frais et dépens.

Cet article a été reproduit par l'article 9 de l'arrêt du Conseil du 24 juin 1777.

Il a été appliqué au propriétaire d'un moulin qui, en refusant de baisser des vannes pour le passage de coupons de bois de charpente, avait ainsi retardé le flottage. (C. d'Ét., *Deline*, 20 avril 1847, p. 222.)

Obligations pour les propriétaires riverains de fournir un chemin de halage et de contre-halage ou marchepied le long des rivières navigables et flottables et des rivières canalisées.

Titre XXVIII.

ART. 7. — Les propriétaires des héritages aboutissant aux rivières navigables laisseront le long des bords 24 pieds au moins de place en largeur pour chemin royal et trait des chevaux, sans qu'ils puissent planter arbres, ni tenir clôture ou haie plus près de 30 pieds du côté que les bateaux se tirent et 10 pieds de l'autre bord, à peine de 500 livres d'amende et d'être les contrevenants contraints à réparer et remettre les chemins en l'état à leurs frais.

Cet article ne s'applique qu'aux propriétaires du chemin de halage.

Le décret du 22 janvier 1808 décide, dans son article 1er, que les dispositions ci-dessus seront applicables à toutes les rivières navigables, soit que la navigation y fût établie à l'époque de l'édit d'août 1669, soit que l'État se soit déterminé depuis ou se détermine à l'avenir à les rendre navigables; et dans son article 4, que l'administration, lorsque le service n'en souffrira pas, pourra restreindre la largeur du chemin de halage.

Mais l'obligation du chemin de halage et du marchepied n'existe pas pour les canaux de navigation.

Plantation de saules faite par un riverain à moins de dix pieds du bord d'un canal dépendant d'une rivière navigable ou flottable.

Amende, enlèvement des saules et frais. (C. d'Ét., *Naquard,* 16 mars 1883, p. 304.)

Entrave apportée à la circulation sur le marchepied d'une rivière classée comme navigable ou flottable, alors même qu'en fait cette rivière serait abandonnée par le flottage, si elle n'a pas cessé absolument d'être flottable par trains ou radeaux.

Amende et frais. (C. d'Ét., *Penin,* 24 avril 1891, p. 310.)

Construction élevée dans la zone réservée à la servitude du marchepied sur la berge d'un bras de rivière où la navigation était momentanément interrompue, mais qui n'avait pas cessé d'être comprise dans la nomenclature annexée à l'ordonnance du 10 juillet 1835. (C. d'Ét., *Hubert*, 28 juin 1895, p. 556.)

Il n'y a pas de contravention :

1° Si le bras de rivière a cessé d'être navigable (C. d'Ét., *Dellon*, 6 avril 1895, p. 361).

2° Si la circulation sur le marchepied d'une rivière n'a donné lieu à aucun fait matériel de nature à mettre obstacle à la circulation sur le marchepied. (C. d'Ét., *Penin*, 25 avril 1890, p. 424.)

ARRÊT DU CONSEIL DU 24 JUIN 1777

Constructions sans autorisation sur ou le long des rivières navigables et canaux de navigation ; dépôts effectués dans le lit des cours d'eau ou tous empêchements quelconques ayant pour effet de mettre obstacle au libre cours des eaux.

ART. 1er. — Sa Majesté fait défenses à toutes personnes de quelque qualité et conditions qu'elles soient, de faire aucuns moulins, pertuis, vannes, écluses, arches, bouchis, gords ou pêcheries, ni autres constructions ou autres empêchements quelconques sur ou le long des rivières et canaux navigables, à peine de 1 000 livres d'amende et de démolition desdits ouvrages.

Commet une contravention à cet article, le riverain d'une rivière canalisée qui, autorisé à occuper temporairement un terrain dépendant du domaine public, seulement pour se clore au moyen d'un mur en maçonnerie, élève une construction.

Amende, démolition de la construction et frais. (C. d'Ét., *Lambin*, 16 mai 1902, p. 398.)

Obligation pour les propriétaires riverains de livrer un chemin de halage de 24 pieds le long des fleuves et rivières navigables.

Art. 2. (*Reproduction de l'art. 7, titre XXVIII, de l'édit d'août 1669.*) Enjoint Sa Majesté à tous propriétaires riverains de livrer 24 pieds de largeur (7^m,80) pour le halage des bateaux et trait des chevaux le long des bords de la rivière de Marne et autres fleuves et rivières navigables, ainsi que sur les îles où il en serait besoin, sans pouvoir planter arbres ni haies, tirer fossé ni clôture plus près desdits bords que de 30 pieds.

Obligation d'enlever tous empêchements à la navigation provenant du fait de l'homme se trouvant dans le lit ou sur les bords des rivières navigables.

ART. 3. — Ordonne Sa Majesté à tous riverains, mariniers ou autres de faire enlever les pierres, terres, bois, pieux, débris de bateaux et autres empêchements étant de leur fait ou à leur charge dans le lit des dites rivières ou sur leurs bords, à peine de 500 livres d'amende et d'être en outre contraints au payement des ouvriers qui seront employés aux dits enlèvements et nettoiements.

Sont prévus par cet article :

L'abandon par un entrepreneur, qui a résilié son entreprise, de son matériel sur les berges d'une rivière navigable où l'administration l'avait autorisé à établir son chantier.

Amende, condamnation aux frais de l'enlèvement d'office des matériaux et du procès-verbal. (C. d'Ét., *Varangot,* 14 nov. 1884, p. 800.)

Le dépôt, sans autorisation, de tonneaux et de tan le long d'une rivière navigable sur des terrains habituellement couverts par les plus hautes eaux avant tout débordement. (C. d'Ét., *Vve Thirel,* 19 janv. 1883, p. 79.)

Le déversement des eaux d'égout d'une ville dans un canal de navigation.

Ville condamnée à faire disparaître les envasements. (C. d'Ét., *Ville de Roubaix,* 30 juin 1899, p. 488.)

Le fait d'avoir laissé des bois en dépôt sur un pont au delà du temps fixé par un arrêté préfectoral.

Amende, enlèvement des bois et frais. (C. d'Ét., *Wagnart,* 8 août 1882, p. 819.)

Le fait par un armateur de n'avoir pas obtempéré à l'injonction à lui faite, de faire disparaître les débris d'un chaland naufragé dans un canal, alors même que le naufrage proviendrait d'un cas de force majeure.

La faculté d'abandon prévue par l'article 416 du Code de commerce ne s'applique pas au chaland affecté au transport des boues extraites par une drague, ce chaland n'étant pas un navire dans le sens de l'article précité.

Condamnation à l'amende, aux frais d'enlèvement du chaland et du procès-verbal. (C. d'Ét., *Le Borgne,* 14 juin 1901, p. 547.)

Dépôts de matériaux sur les bords d'une rivière navigable et dépôts effectués dans les cours d'eau ayant pour effet d'en embarrasser le lit. — Extraction plus près des bords que de 6 toises.

Art. 4. — Fait Sa Majesté, sous les mêmes peines (500 livres d'amende), défense à tous riverains et autres de jeter dans le lit desdites rivières et canaux, ni sur leurs bords, aucuns immondices, pierres, graviers, bois, paille ou fumiers, ou rien qui puisse en embarrasser et attérir le lit, ni d'en affaiblir et changer le cours par aucunes tranchées ou autrement, ainsi que d'y planter aucuns pieux, mettre rouir des chanvres comme aussi d'y tirer aucunes pierres, terres, sables et autres matériaux plus près des bords que de 6 toises.

Cet article punit :

Le fait par un batelier d'empêcher la fermeture des portes d'amont d'une écluse de façon à. empêcher la descente d'un autre bateau.

Amende, réparation du dommage et frais. (C. d'Ét., *Piat,* 5 févr. 1897, p. 99.)

Le déversement dans une rivière navigable d'une certaine quantité de vinasses provenant d'une usine et qui y ont formé atterrissement. (C. d'Ét., *Lesaffre,* 12 juill. 1895, p. 590.)

Le fait de laisser tomber des branches d'arbres dans le lit d'un cours d'eau navigable alors même que, à raison de la situation des arbres, la chute des branches dans le cours d'eau aurait le caractère d'un cas de force majeure. (C. d'Ét., *Chevillier,* 18 nov. 1892, p. 787.)

Le dépôt de sable sur les francs-bords d'un canal de navigation, sans l'autorisation de l'administration, alors même que l'auteur de ce dépôt est l'amodiataire des francs-bords.

Amende, enlèvement du dépôt et frais. (C. d'Ét., *Pochet,* 22 juill. 1892, p. 651.)

Mais le déversement d'eaux résiduaires d'une usine, sans autorisation, dans un affluent non navigable, d'un cours d'eau navigable ne constitue pas une contravention. (C. d'Ét., *Martin,* 26 janv. 1900, p. 67.)

Retards apportés au service de la navigation par les mariniers, meuniers et compagnons de rivière.

Art. 8. — Fait Sa Majesté très expresses inhibitions et défenses à tous voituriers par eau, meuniers et compagnons de rivière de troubler et retarder le service desdits coches et diligences, d'embarrasser les abords des ports et gares qui leur sont affectés, de laisser vaguer les sous-pentes de leurs traits de bateaux, de garer lesdits bateaux du côté du halage, et avec les mâts, fourchettes ou gouvernaux dressés, de monter ou descendre lesdits bateaux et trains couplés en double dans les ports, pertuis, goulettes et autres passages étroits, ni de les y emboucher avant d'avoir été reconnaître s'il n'y a point de coches ou autres bateaux présentés pour y passer, ainsi que de fermer leurs dits bateaux à l'entrée ou dans lesdits passages étroits, de manière à intercepter ou gêner la navigation, à peine de demeurer responsables de toutes pertes, dépens, dommages et retards.

Cet article vise les faits suivants :

De barrer une écluse avec un bateau, de façon à intercepter le passage.

Frais du procès-verbal en vertu des dispositions combinées de l'article 62 et de l'article 63 de la loi du 22 juillet 1889.

Pas d'amende, condamnation aux frais. (C. d'Ét., *Gateau,* 7 août 1896, p. 653.)

De barrer une écluse avec un bateau, de façon à intercepter le passage pendant plusieurs heures.

Même condamnation. (C. d'Ét., *Bauchonnet,* 7 août 1900, p. 574; *Jal,* 15 févr. 1895, p. 164.)

D'avoir abandonné deux bateaux, l'un dans le sas d'une écluse, l'autre le long des portes de cette écluse, et d'avoir ainsi intercepté la navigation.

Même condamnation. (C. d'Ét., *Benex,* 20 juill. 1883, p. 681.)

Fixation de l'indemnité due aux propriétaires de moulins pour le chômage causé par le passage des bateaux.

Défense aux propriétaires ou usiniers de retarder en aucune façon la navigation ou le flottage.

Réglementation du passage des bateaux dans les pertuis et bouchis des propriétaires et usiniers.

Art. 9. — Défend très expressément Sa Majesté aux propriétaires ou usiniers d'exiger ou recevoir des mariniers ou marchands qui auront causé le chômage des moulins autres et plus forts droits que ceux fixés par les ordonnances, et de retarder en aucune façon la navigation et le flottage ; leur ordonne Sa Majesté de tenir le passage de leurs pertuis et bouchis ouvert en tout temps quand il y aura 2 pieds d'eau en rivière ; et lorsque, les eaux étant plus basses, les dits passages seront bouchés, de les ouvrir toutes les fois qu'ils en seront requis, et les laisser ouverts pendant le temps suffisant pour que les bateaux ou trains de bois puissent profiter du flot pour arriver à un autre bouchis, sans pouvoir pour ce exiger aucuns deniers ou marchandises, à peine de 1 000 livres d'amende.

Cet article s'applique au fait d'avoir provoqué, en abaissant les vannes, des mouvements d'eau de nature à gêner la navigation. (C. d'Et., *Le Toullec,* 24 avril 1874, p. 389.)

Dégradations causées aux ouvrages construits pour la sûreté et facilité de la navigation sur et le long des rivières navigables et flottables.

Art. 11. — Sa Majesté déclare tous les ponts, chaussées, pertuis, digues, hollandages, pieux, balises et autres ouvrages publics qui sont ou seront par la suite construits pour la sûreté et la facilité de la navigation et du halage, sur et le long des rivières et canaux navigables ou flottables, faire partie des ouvrages royaux, et les prend en conséquence sous sa protection et sauvegarde royale ; enjoint Sa Majesté aux maires, syndics et autres officiers municipaux des communautés riveraines, de veiller et empêcher que lesdits ouvrages ne soient dégradés, détruits ni enlevés ; et ordonne que tous ceux qui feraient lesdites dégradations ou détériorations soient poursuivis extraordinairement, condamnés en une amende arbitraire et tenus de réparer les choses endommagées.

Sont prévus par cet article :

Le fait de causer des dégradations à une écluse située sur un canal de navigation.

Condamnation solidaire du patron et de l'ouvrier à l'amende et à des dommages-intérêts. (C. d'Ét., *Gilotte,* 8 mai 1896, p. 387.)

Le fait de détériorer en les heurtant avec un bateau, les gardes-corps des portes d'aval d'une écluse située sur un canal de navigation.

Amende, réparation du dommage et frais. (C. d'Ét., *Vigouroux,* 4 mai 1894, p. 324.)

Le fait par un batelier de ne pas arrêter son bateau à la distance réglementaire et de fracturer le cric d'une écluse.

Amende, réparation du dommage et frais. (C. d'Ét., *Duffaut,* 17 déc. 1886, p. 912.)

Le pâturage des bestiaux sur les talus d'une rivière navigable et flottable.

Amende, réparation du dommage et frais. (C. d'Ét., *Bouilliez*, 19 juill. 1889, p. 881.)

L'abatage d'arbres plantés sur une île comprise dans le lit d'un fleuve comme étant recouverte par les plus hautes eaux de ce fleuve coulant à pleins bords avant tout débordement.

Amende, réparation du dommage et frais. (C. d'Ét., *Drouet*, 7 août 1886, p. 751.)

Le fait d'avoir circulé à cheval sur le chemin de halage d'un canal de navigation, lorsque la circulation a été interdite par un arrêté.

Amende et frais. (C. d'Et., *Noë*, 11 déc. 1885, p. 962.)

L'abatage d'arbres plantés sur un terrain compris dans le lit d'une rivière.

Le dépôt de bois sur ce même terrain.

Amende, réparation du dommage et frais. (C. d'Ét., *Clavé*, 23 mai 1884, p. 430.)

Le fait par un usinier d'avoir encombré un siphon établi sous un canal de navigation en abandonnant au cours de l'eau les herbes faucardées le long de la rivière sur laquelle il s'embranche.

Amende, réparation du dommage et frais. (C. d'Ét., *Evotte*, 8 août 1884, p. 744.)

Le lavage du linge dans un canal en dehors des lavoirs établis à cet effet.

Amende, réparation du dommage et frais. (C. d'Ét., *Loup*, 4 juill. 1884, p. 575.)

Le fait d'avoir coupé et enlevé des osiers plantés dans les perrés en rivière d'une digue bâtie sur une rivière navigable ou flottable ou des herbes croissant sur le talus de cette même digue. (C. d'Ét., *Fleury*, 13 avril 1883, p. 351.)

Avaries causées au ponton d'un feu flottant établi dans une rivière pour la sûreté de la navigation.

Amende, réparation du dommage et frais. (C. d'Ét., *Wilbuer*, 29 juin 1883, p. 617.)

Dommages causés à la porte d'une écluse par un chaland dont le capitaine n'a pas réglé le mouvement à l'entrée de l'écluse de façon à éviter le choc qui s'est produit contre la porte.

Condamnation du capitaine et de l'entrepreneur du transport à l'amende, à la réparation du dommage et aux frais. (C. d'Ét., *Leveau et Faucher*, 27 déc. 1901, p. 946.)

Le fait par un charretier de dégrader un pont-levis en passant sur un canal de navigation.

Condamnation à la réparation du dommage sans tenir compte des travaux effectués par l'auteur du dommage pour maintenir la circulation. (C. d'Ét., *d'Halluin*, 7 févr. 1902, p. 98.)

LOI DU 29 FLORÉAL AN X

Anticipations, dépôts et détériorations sur les canaux, fleuves et rivières navigables.

Art. 1er. — Les contraventions en matière de grande voirie, telles qu'anticipations, dépôts de fumiers ou d'autres objets et toutes espèces de détériorations commises sur les canaux, les fleuves et rivières navigables, leurs chemins de halage, francs-bords, fossés et ouvrages d'art seront constatées, réprimées et poursuivies par voie administrative.

Cet article qui n'édicte pas d'amende mais qui prescrit la restitution du terrain usurpé ou la réparation du dommage a été appliqué dans les cas suivants :

Coupes d'arbres pratiquées non sur la crête même de la berge mais en un point inférieur d'un talus très raide servant de rive au fleuve, point qui, en raison du niveau un peu plus élevé de la rive opposée, est forcément recouvert par les eaux du fleuve coulant à pleins bords avant tout débordement.

Réparation du préjudice et frais. (C. d'Ét., *Dolnet,* 27 févr. 1891, p. 168 ; *Lebrun,* 12 juin 1891, p. 441.)

Plantations établies sur un terrain susceptible d'être recouvert par les eaux d'une rivière navigable coulant à pleins bords avant tout débordement.

Suppression des plantations et frais. (C. d'Ét., *Tostain,* 15 janv. 1897, p. 27.)

Coupes d'osier pratiquées non sur la crête même de la berge mais sur la partie inférieure du talus servant de rive au fleuve nécessairement recouverte par les eaux du fleuve coulant à pleins bords avant tout débordement.

Réparation du préjudice et frais. (C. d'Ét., *Abroboc,* 16 juill. 1897, p. 553.)

Le fait par un entrepreneur de déposer du matériel sur des terrains acquis par l'État en vue de l'exécution de travaux, mais non incorporés au domaine public et amodiés au profit de l'entrepreneur, ne constitue pas une contravention.

Mais le fait par un entrepreneur d'avoir, en vue de la construction d'une remise à machines, pratiqué des excavations dans la douve d'un canal de navigation cause des dégradations à ce canal et tombe sous l'application de la loi du 29 floréal an X.

Réparation du dommage et condamnation à payer une somme par jour de retard jusqu'à l'enlèvement de la remise et rétablissement des lieux en leur état primitif. (C. d'Ét., *Vernaudon,* 7 août 1900, p. 575.)

RÈGLEMENTS PRÉFECTORAUX RENDUS POUR L'EXÉCUTION DES ANCIENS RÈGLEMENTS DANS L'INTÉRÊT DE LA NAVIGATION

Ces règlements ont pour but d'assurer la conservation des cours d'eau et de leurs dépendances et de faire disparaître tout obstacle de nature à entraver la navigation.

Ils emportent l'application de l'amende édictée par les anciens règlements auxquels ils se rapportent.

Exemple : Le fait par le propriétaire ou le locataire d'une usine d'avoir abaissé les eaux contrairement aux dispositions d'un arrêté préfectoral pris dans l'intérêt de la navigation.

Application de l'amende de l'article 9 de l'arrêt du Conseil du 24 juin 1777. (C. d'Ét., *de Lavigne,* 2 août 1860, p. 601.)

Procès-verbaux. Procédure. Jugement. — Les procès-verbaux peuvent être dressés par tous les agents ayant qualité pour dresser des procès-verbaux en matière de grande voirie et notamment par les agents de la navigation, c'est-à-dire par tous les préposés commissionnés par l'autorité administrative pour la police de la navigation, savoir :

Les gardes et éclusiers attachés au service de la navigation intérieure ;

Les gardes des chaussées et des digues ;

Les gardes ports ;

Les agents nommés par les concessionnaires et commissionnés par l'administration.

Les contraventions s'instruisent et se jugent conformément aux prescriptions de la loi du 22 juillet 1889.

Questions préjudicielles. — Pour les rivières navigables il appartient au conseil de préfecture, saisi d'un procès-verbal de contravention, de vérifier si le terrain sur lequel la contravention a été commise fait partie du domaine public, qu'il y ait ou non un arrêté de délimitation.

Ainsi il n'y a pas lieu de surseoir à statuer jusqu'à ce que l'autorité judiciaire ait tranché la question de propriété dont le contrevenant excipe, par exemple dans les cas suivants :

Lorsque des coupes d'osiers et des plantations ont été effectuées sur des terrains recouverts par les plus hautes eaux avant tout débordement. (C. d'Ét., *Ode,* 7 juill. 1899, p. 527.)

Lorsque le contrevenant a circulé avec

des chevaux et des charrettes sur le chemin de halage d'une rivière canalisée, dont l'exploitation a été concédée à une compagnie, et qu'il invoque un droit de servitude résultant d'un acte de vente consenti par la société concessionnaire. (C. d'Ét., *Denicelle-Dinant,* 4 avril 1884, p. 286.)

Le Conseil d'État a rendu des décisions pareilles aux dates suivantes : C. d'Ét., *de Dreux-Brézé,* 5 août 1901, p. 773 ; *Tostain,* 8 août 1895, p. 667 ; *Dolnet,* 6 juin 1890, p. 556 ; *Lebrun,* 12 juin 1891, p. 441 ; *Bouly,* 20 janv. 1888, p. 74 ; *Loisnel,* 15 juin 1888, p. 535 ; *Domy,* 9 juill. 1880, p. 660 ; *Compagnie générale Transatlantique,* 28 mai 1880, p. 506.

Pour les canaux, il n'y a pas lieu de surseoir lorsque le terrain, en raison de son caractère et de son affectation, est compris dans les dépendances ou fait partie des ouvrages d'art d'un canal.

Mais il y a lieu de surseoir lorsque le terrain ne peut être considéré comme affecté au service du canal qu'autant qu'il aurait été, lors de son établissement, acquis par l'État.

Par exemple, lorsqu'un particulier, poursuivi pour avoir fait des dépôts sur un terrain que l'administration prétend être une dépendance du canal mais qui en est complètement distinct, soutient que le terrain est resté sa propriété aux termes de l'acte de vente par lui consenti à l'État lors de l'établissement du canal. (C. d'Ét., *Perrin*, 20 mai 1881, p. 554.)

CHAPITRE VIII

CONTRAVENTIONS COMMISES SUR LE DOMAINE PUBLIC MARITIME

Le domaine public maritime comprend les côtes ou rivages de la mer, les ports, havres et rades et leurs dépendances.

§ I. CÔTES ET RIVAGES DE LA MER

Les bords et rivages de la mer sont délimités par l'article 1er, livre IV, titre VII de l'ordonnance d'août 1681.

Sera réputé bord et rivage de la mer tout ce qu'elle couvre et découvre pendant les nouvelles et pleines lunes et jusques où le grand flot de mars se peut étendre sur les grèves.

Les limites sont déterminées par des décrets rendus en la forme des règlements d'administration publique, conformément à l'article 2 du décret du 21 février 1852.

Mais, en l'absence d'acte de délimitation, le conseil de préfecture est compétent pour décider si la contravention qui lui est déférée a été commise sur une dépendance du domaine public.

ORDONNANCE D'AOUT 1681

Livre IV, titre VII.

Défense de construire, de planter, de déposer et d'extraire des matériaux sur les rivages de la mer sans autorisation.

Art. 2. — Faisons défenses à toutes personnes de bâtir sur les rivages de la mer, d'y planter aucuns pieux, ni faire aucuns ouvrages qui puissent porter préjudice à la navigation, à peine de démolition des ouvrages, de confiscation des matériaux et d'amende arbitraire.

Constitue une contravention :

Le fait d'extraire des galets, du sable ou de pratiquer des excavations en un point du rivage de la mer où un arrêté préfectoral interdit toute entreprise de ce genre.

Amende, démolition des ouvrages plantés, rétablissement des lieux dans leur état primitif et frais. (C. d'Ét., *Hallier*, 2 avril 1897, p. 290; *Holl*, 24 nov. 1893, p. 782; *Burlot*, 26 juin 1891, p. 496; *Vidal*, 13 nov. 1885, p. 843; *Voisin*, 1er mars 1901, p. 248; *de Chalus*, 19 juill. 1901, p. 672.)

Toutefois, le Conseil d'État a décidé que le fait seul d'enlever des matériaux sur les dépendances du domaine public, en dehors de toutes circonstances de porter préjudice à la navigation, ne constitue pas une contravention à l'ordonnance d'août 1681, mais une contravention de simple police si cet enlèvement est défendu par un arrêté préfectoral. (C. d'Ét., *Marchesseau*, 25 nov. 1887, p. 752.)

Constructions élevées sur le domaine public. Retrait d'autorisation.

Livre V, titre III.

Art. 8. — Faisons défenses à toutes personnes, de quelque qualité et conditions qu'elles puissent être, de bâtir ci-après sur les grèves de la mer aucuns parcs, dans la construction desquels il entre bois ou pierres, à peine de 300 livres d'amende et de démolition des parcs à leurs frais.

Cet article a été appliqué par le Conseil d'État au fait par un particulier, malgré le retrait d'autorisation, d'occuper certaines parcelles du domaine public. (C. d'Ét., *Bovis,* 29 nov. 1895, p. 774.)

LOI DU 16 SEPTEMBRE 1807

Dégradations causées à une digue de défense contre les inondations.

Art. 27. — La conservation des travaux de desséchement, celle des digues contre les torrents, rivières et fleuves et sur les bords des lacs et de la mer est commise à l'administration publique. Toutes réparations et dommages seront poursuivis par voie administrative comme pour les objets de grande voirie.

Est prévue par cet article :

La circulation de voitures lourdement chargées sur une digue de défense contre les inondations.

Cette contravention n'existe qu'à la double condition qu'il s'agisse d'un travail public et qu'il y ait dommage.

Réparation du dommage et frais. (C. d'Ét., *Redortier*, 7 févr. 1896, p. 131.)

Défense de construire des digues sur les bords de la mer pour la conservation des propriétés privées, sans autorisation.

Art. 33. — Lorsqu'il s'agira de construire des digues à la mer ou contre les fleuves, rivières et torrents navigables ou non navigables, la nécessité en sera constatée par le Gouvernement.

La démolition des digues élevées sans autorisation est ordonnée en vertu de la loi du 29 floréal an X.

§ II. DES PORTS, HAVRES ET RADES ET LEURS DÉPENDANCES

ORDONNANCE D'AOUT 1681

Livre I, titre X.

Art. 4. — Tous maîtres et capitaines de navires seront tenus de faire leur rapport au lieutenant de l'amirauté (officier ou maître de port) vingt-quatre heures après leur arrivée au port, à peine d'amende arbitraire.

Le refus par le commandant d'un navire

de faire dans les vingt-quatre heures la déclaration prescrite par l'article ci-dessus constitue une contravention de grande voirie.

Amende et frais. (C. d'Ét., *Le Sund,* 16 mai 1879, p. 404.)

Livre IV, titre Ier.

Jet d'immondices dans les ports et havres.

Art. 1er. — Les ports et havres seront entretenus dans leur profondeur et netteté : faisons défenses d'y jeter aucuns immondices, à peine de 10 livres d'amende, payables par les maîtres pour leurs valets, même par les pères et mères pour leurs enfants.

Le conseil de préfecture de la Manche, par son arrêté du 29 juin 1898, a décidé que le fait de décharger des immondices dans le bassin à flot d'un port constituait la contravention prévue par l'article ci-dessus.

Abandon des navires par l'équipage.

Art. 2. — Il y aura toujours des matelots à bord des navires étant dans le port, pour faciliter le passage des vaisseaux entrant et sortant, larguer les amarres et faire toutes les manœuvres nécessaires, à peine de 50 livres d'amende contre les maîtres et patrons.

Il y a infraction à l'article ci-dessus dans le fait d'avoir, dans une partie d'un canal dépendant d'un port, amarré un chaland, sans fanal et sans personne à bord pendant la nuit.

Amende et frais. (C. d'Ét., *Esnault*, 24 nov. 1893, p. 782.)

Mais ledit article n'est pas applicable à un capitaine qui refuse d'obéir aux ordres d'un officier de port lui enjoignant de déplacer son navire, si ledit navire n'est pas laissé dans le port sans gardien ni matelot.

Condamnation aux frais du procès-verbal et aux frais de déplacement du navire en vertu de la loi du 29 floréal an X. (C. d'Ét., *Pacderbork*, 3 juin 1892, p. 543.)

Amarrage des navires.

Art. 3. — Ne pourront les mariniers amarrer leurs vaisseaux qu'aux anneaux et pieux destinés à cet effet à peine d'amende arbitraire.

Cet article s'applique au fait par des patrons de bateaux d'avoir amarré leur embarcation dans le chenal d'un port et d'avoir refusé de le dégager pour rétablir la liberté de la navigation.

Amende et frais. (C. d'Ét., *Urvois*, 20 nov. 1896, p. 748.)

Bateaux sur leurs ancres.

Art. 5. — Les maîtres et patrons de navires qui voudront se tenir sur leurs ancres dans les ports, seront obligés d'y attacher hoirin, bouée ou gaviteau pour les marquer, à peine de 50 livres d'amende et de réparer tout dommage qui en arrivera.

Transport des poudres à terre.

Art. 6. — Ceux qui auront des poudres dans leur navire seront tenus aussi, à peine de 50 livres d'amende, de les faire porter à terre incontinent après leur arrivée, sans qu'ils puissent les remettre dans leur vaisseau qu'après qu'il sera sorti du port.

Séjour des marchandises sur les quais des ports.

Art. 7. — Les marchands, facteurs et commissionnaires ne pourront laisser sur les quais marchandises plus de trois jours, après lesquels elles seront enlevées à la diligence du maître de quai et aux dépens des propriétaires, lesquels seront en outre condamnés en amende arbitraire.

Il y a contravention dans le fait de laisser des poteaux de mine sur un quai malgré les ordres du maître de port.

Amende, condamnation aux frais d'enlèvement d'office et du procès-verbal. (C. d'Ét., *Boureau,* 13 déc. 1901, p. 887.)

Cet article est applicable aussi bien aux dépôts de marchandises à embarquer qu'à ceux des marchandises débarquées. (C. d'Ét., *Godet,* 2 mars 1888, p. 231.)

La contravention ne peut être relevée contre le transporteur, mais seulement contre les propriétaires des marchandises. (C. d'Ét., *Toulouzan,* 23 juill. 1886, p. 664; *Compagnie Transatlantique,* 11 déc. 1885, p. 963.)

Calfatage et radoubs des navires.

Art. 8. — Il y aura dans chaque port et havre des lieux destinés tant pour travailler aux radoubs et calfats des vaisseaux que pour goudronner les cordages; à l'effet de quoi les feux nécessaires seront allumés à 100 pieds au moins de distance de tous autres bâtiments, et à 20 pieds des quais, à peine de 50 livres d'amende et de plus grande encore en cas de récidive.

Art. 12. — Seront tenus, sous pareille peine de

50 livres d'amende, ceux qui feront des fosses dans les ports pour travailler au radoub de leurs navires, de les remplir vingt-quatre heures après que leurs bâtiments en seront dehors.

Obligation d'avoir des poinçons d'eau et des sasses ou pelles.

Art. 9. — Les maîtres et propriétaires des navires étant dans les ports où il y a flux et reflux, seront tenus, sous même peine, d'avoir toujours deux poinçons d'eau sur le tillac de leurs vaisseaux, pendant qu'on en chauffera les soutes, et dans les ports d'où la mer ne se retire point, d'être munis de sasses ou pelles creuses propres à tirer l'eau.

Chargement et déchargement.

Art. 10. — Il y aura pareillement des places destinées pour les bâtiments en charge, et d'autres pour ceux qui seront déchargés comme aussi pour rompre et dépecer les vieux bâtiments et pour en construire de nouveaux.

Enlèvement des débris des vieux bâtiments.

Art. 11. — Les propriétaires des vieux bâtiments hors d'état de naviguer seront tenus de les rompre et d'en enlever incessamment les débris, à peine de confiscation et de 50 livres d'amende.

Enlèvement des décombres provenant des travaux exécutés dans les ports.

Art. 13. — Enjoignons aux maçons et autres employés aux réparations des murailles, digues et jetées des canaux, havres et bassins, d'enlever les décombres et faire place nette incontinent après les ouvrages finis, à peine d'amende arbitraire et d'y être pourvu à leurs frais.

Extinction des feux.

Art. 14. — Faisons défenses à toutes personnes de porter ou allumer du feu pendant la nuit dans les navires étant dans les bassins et havres, sinon en cas de nécessité pressante, et en la présence ou par la permission du maître de quai.

Titre II.

Refus de placer un navire de la manière prescrite par l'officier du port.

Art. 2. — L'officier ou maître de port aura soin de faire ranger et amarrer les vaisseaux dans le port; veillera à tout ce qui concerne la police des quais, ports et havres, et fera donner, pour raison de ce, toutes assignations nécessaires.

L'article 4 du titre Ier du livre IV avait déjà dit :

Les vaisseaux dont les maîtres auront les premiers fait leur rapport seront les premiers rangés à quai, d'où ils seront obligés de se retirer incontinent après leur décharge.

Constitue une contravention de grande voirie, le refus d'obéir à l'ordre qu'un officier de port donne au capitaine d'un navire :

1° De l'amarrer au corps mort situé au large (C. d'Ét., *Gay,* 23 juill. 1886, p. 665);

2° De le disposer de manière à ne pas gêner les mouvements du bâtiment voisin et à ne pas lui causer de dommage (C. d'Ét., *Oger,* 8 juill. 1887, p. 568);

3° De le déplacer. (C. d'Ét., *Pacderbock,* 3 juin 1892, p. 543.)

Dans le cas où le règlement d'un port dispose qu'on ajoute vingt-quatre heures aux délais de chargement et de déchargement, quand le navire a besoin de prendre lest pour se tenir debout, l'officier de port a le droit d'apprécier, sous sa responsabilité, s'il y a lieu d'accorder cette prorogation de délai. (C. d'Ét., *Gay*, 23 juill. 1886, p. 665.)

Condamnation aux frais du procès-verbal, à ceux d'amarrage et de déplacement d'office, en vertu de la loi du 29 floréal an X.

Titre IV. — Du lestage et du délestage.

Déclaration de la quantité et de la nature du lest.

Art. 1er. — Tous capitaines ou maîtres de navires venant de la mer, seront tenus, en faisant leur rapport aux officiers de l'amirauté (aujourd'hui l'officier ou maître de port), de déclarer la quantité de lest qu'ils auront dans leur bord, à peine de 20 livres d'amende.

Art. 3. — Après le délestage des bâtiments, les maîtres de bateaux ou gabares, qui y auront été employés, seront tenus, à peine de 3 livres d'amende, de faire leur déclaration, aux officiers de l'amirauté, de la quantité de tonneaux qui en auront été tirés.

Manière dont le lestage doit s'opérer.

Art. 4. — Tous bâtiments embarquant ou déchargeant du lest auront une voile qui tiendra au bord tant du vaisseau que de la gabare, à peine de 50 livres d'amende solidaire contre les maîtres des navires et gabares.

Défense de jeter le lest dans les ports, etc.

ART. 6. — Faisons défenses à tous capitaines et maîtres de navires de jeter leur lest dans les ports, canaux, bassins et rades, à peine de 500 livres d'amende; et aux délesteurs de les porter ailleurs que dans les lieux à ce destinés, à peine de punition corporelle.

Cette dernière peine ne peut plus être prononcée.

Le conseil de préfecture de la Manche, par son arrêté du 29 janvier 1892, a décidé que le fait par un capitaine de navire de jeter du lest à l'entrée d'un port constituait la contravention prévue par l'article ci-dessus.

Condamnation à l'amende et aux frais du procès-verbal.

Défense de procéder aux travaux de lestage et de délestage pendant la nuit.

ART. 7. — Faisons aussi défenses, sous pareilles peines, aux capitaines et maîtres de navires, de délester leurs bâtiments; et aux maîtres et patrons de gabares ou bateaux lesteurs, de travailler au lestage ou délestage d'aucun vaisseau pendant la nuit.

Titre VIII. — Des rades.

Prescriptions à observer en cas d'abandon de câbles ou ancres dans les rades.

Art. 2. — Enjoignons aux maîtres et capitaines de navires qui seront forcés par la tempête de couper leurs câbles et de laisser quelques ancres dans les rades, d'y mettre des hoirins, bouées ou graviteaux, à peine de perte de leurs ancres, qui appartiendront à ceux qui les auront pêchées, et d'amende arbitraire.

Précautions à prendre par les navires entrant en rade.

Art. 3. — Les maîtres des navires venant prendre rade mouilleront à telle distance les uns des autres que les ancres et câbles ne puissent se mêler et porter dommage, à peine d'en répondre et d'amende arbitraire.

Obligation pour le navire le plus avancé vers l'eau d'avoir un feu ou fanal pendant la nuit.

Art. 4. — Lorsqu'il y aura plusieurs bâtiments en même rade, celui qui se trouvera le plus avancé vers l'eau sera tenu d'avoir pendant la nuit le feu ou fanal pour avertir les vaisseaux venant de la mer.

Précautions à prendre en cas de départ pendant la nuit.

Art. 5. — Quand un vaisseau en rade voudra faire voile pendant la nuit, le maître sera tenu, dès le jour précédent, de se mettre en lieu propre pour sortir sans aborder ou faire dommage à aucun de ceux qui seront en même rade, à peine de tous dépens, dommages et intérêts et d'amende arbitraire.

Contraventions prévues par la loi du 29 floréal an X et le décret du 16 décembre 1811. — Tous les faits portant atteinte au domaine public maritime (dégradation, détérioration ou usurpation) ou à la liberté de la navigation et non prévus par les anciens règlements, constituent une contravention de grande voirie, dans le sens de la loi du 29 floréal an X et du décret du 16 décembre 1811, qui ont été rendus applicables aux ports maritimes du commerce et aux travaux à la mer par le décret du 10 avril 1812.

Ont été considérées comme telles :

Les dégradations faites à des plantations établies par l'administration sur des dunes artificielles dans le but de protéger un phare contre l'envahissement des sables.

Réparation du dommage et frais. (C. d'Ét., *Rédarès*, 22 juin 1883, p. 595.)

Le refus d'obéir aux injonctions du préfet ou de l'officier de port de faire disparaître un navire échoué dans un port ou ses dépendances ou sur le rivage de la mer (C. d'Ét., *Hautin-Tétard*, 2 août 1889, p. 937; *Guignard*, 30 mai 1884, p. 483);

Ou de déplacer un établissement de bains dont l'échouement constituait un danger pour la navigation et de faire disparaître les épaves de cet établissement qui avait définitivement coulé.

Condamnation au remboursement des frais d'enlèvement des épaves coulées ou abandonnées sur le port. (C. d'Ét., *Aguillon*, 13 déc. 1901, p. 888.)

Le Conseil d'État ne considère pas comme une dépendance d'un port le point d'une rade situé en dehors du chenal d'accès du port. (C. d'Ét., *Flornoy*, 11 juin 1886, p. 530.)

Mais l'abandon du navire et du fret, dans les termes de l'article2 16 du Code de commerce complété par la loi du 12 août 1885, constitue un mode de libération que le propriétaire d'un navire échoué dans une rade peut opposer à l'État. (C. d'Ét., *Chegaray*, 27 mai 1887, p. 457.)

De même lorsqu'il est reconnu que la perte d'un bateau a été causée par le fait des agents de l'administration et que l'Etat est déclaré responsable du dommage, l'armateur ne peut être condamné à l'enlèvement de l'épave. (C. d'Ét., *Saffrey*, 17 janvier 1902, p. 30.)

Contraventions prévues par le décret du 15 juillet 1854. — Art. 12. — Les officiers et les maîtres de port sont chargés de veiller à la propreté et à la sûreté matérielle des rades, des ports, bassins, quais et autres ouvrages qui en font partie.

Ils exercent, en outre, la police sur les ports et toutes les dépendances, les rades exceptées.

Ils sont assermentés devant le tribunal de première instance du lieu de leur résidence.

Art. 13. — Ils surveillent et contrôlent l'éclairage des phares et fanaux, et les signaux tant de jour que de nuit dans l'étendue des ports à la surveillance desquels ils sont préposés.

Ils règlent l'ordre d'entrée et de sortie des navires dans les ports et les bassins ; ils fixent la place que ces navires doivent occuper, les font ranger et amarrer, ordonnent et dirigent tous les mouvements.

Ils surveillent les lestages et les délestages, et veillent notamment à ce que le lest soit pris ou déposé dans les lieux indiqués par l'ingénieur des ponts et chaussées sous les ordres immédiats duquel ils sont placés.

Ils prescrivent les mesures nécessaires pour que le lancement à la mer des navires du commerce s'effectue sans obstacle et sans accidents ; ils surveillent les fumigations, le chauffage et le calfatage, le radoub et la démolition des navires.

Ils veillent à l'extinction des feux, à l'enlèvement des poudres, aux débarquements et embarquements, ainsi qu'à la sûreté des navires, et dirigent les secours qu'il faut leur porter quand ils sont en danger, notamment en cas d'incendie.

Art. 14. — Quand un naufrage a eu lieu dans un port ou à l'entrée du port, ils donnent les premiers ordres ; mais ils font avertir sans retard l'autorité maritime, et lui remettent, tout en continuant à la seconder, la direction du sauvetage.

Cependant, s'ils déclarent par écrit que le navire échoué forme écueil ou obstacle dans le port ou à l'entrée du port, ils peuvent prendre eux-mêmes les mesures nécessaires pour faire disparaître l'écueil ou l'obstacle. Dans ce cas, une expédition de cette déclaration doit être remise à l'autorité maritime.

Art. 15. — Ils signalent à l'ingénieur des ponts et chaussées chargé du service du port tous les faits qui peuvent intéresser l'entretien et la conservation des ouvrages dépendant du port, la situation des passes, le placement des bouées, balises et tonnes de halage.

Ils reçoivent notamment et transmettent au même ingénieur, avec leur avis, les rapports exigés des pilotes par l'article 38 du décret du 12 décembre 1806.

Art. 16. — Les officiers et les maîtres de port sont pareillement chargés de la surveillance des pilotes et de la police du pilotage dans les ports où il n'existe ni officier militaire directeur des mouvements, ni agent spécial de l'autorité maritime.

Les officiers et les maîtres de port, lorsqu'ils sont chargés du pilotage, reçoivent directement des pilotes les rapports prescrits par les articles 23, 36, 37, 38, 39 et 49 du décret du 12 décembre 1806.

Dans le cas contraire, ces rapports leur sont transmis par l'intermédiaire des officiers ou agents spécialement préposés au service du pilotage.

Dans tous les cas, la surveillance des pilotes et la police du pilotage sont exercées sous la direction exclusive de l'autorité maritime.

Art. 17. — Les officiers et les maîtres de port donnent des ordres aux capitaines, patrons, pilotes et maîtres haleurs, en tout ce qui concerne les mouvements des navires et l'accomplissement des mesures de sûreté, d'ordre et de police qu'il est nécessaire d'observer et qui sont prescrites par les règlements.

Ils donnent des ordres aux pontiers et éclusiers en tout ce qui se rapporte à la manœuvre des ponts mobiles et des écluses de navigation.

Ils requièrent, dans les cas et conditions prévus par l'article 15 de la loi des 9-13 août 1791, les navigateurs, pêcheurs et autres personnes, pour exécuter les travaux d'office, en cas d'urgence.

Art. 18. — Les officiers et les maîtres de port peuvent, en cas de nécessité, sans autre formalité que deux injonctions verbales, couper ou faire couper les amarres que les capitaines, patrons ou autres, étant dans les navires, refuseraient de larguer.

Ils ont le droit aussi, dans le cas d'urgence ou d'inexécution des ordres qu'il auraient donnés, de se rendre à bord et d'y prendre, à la charge des contrevenants, toutes les mesures nécessaires à la manœuvre des navires.

Ils dressent des procès-verbaux contre tous ceux qui se seront rendus coupables de délits ou de contraventions aux règlements dont ils sont chargés d'assurer l'exécution.

Les procès-verbaux constatant des contraventions de simple police sont transmis au commissaire de police remplissant les fonctions du ministère public près les tribunaux de simple police.

Ceux constatant les délits de nature à entraîner des peines correctionnelles sont transmis directement au procureur impérial.

Ceux constatant des contraventions assimilées par le décret du 10 avril 1812 aux contraventions de grande voirie sont transmis à l'ingénieur des ponts et chaussées.

Dans le cas où les officiers et maîtres de port sont injuriés, menacés ou maltraités dans l'exercice de leurs fonctions, et lorsqu'ils ont, en conformité de l'article 16 de la loi du 13 août 1791, requis la force publique et ordonné l'arrestation provisoire des coupables, ils doivent dresser immédiatement un procès-verbal et le transmettre directement au procureur impérial.

Art. 19. — Les officiers ou maîtres de port remettent à l'autorité maritime copie de tout procès-verbal dressé contre un pilote dans l'exercice de ses fonctions. Cette autorité donnera un reçu de la copie qui lui aura été remise ; elle aura quinze jours pour transmettre son avis à l'officier ou maître de port qui aura dressé le procès-verbal ; passé ce délai, ce dernier donnera suite au procès-verbal, en y joignant, soit l'avis de l'autorité maritime, soit un certificat constatant qu'elle n'a fait aucune réponse.

Comme on le voit le décret du 15 juillet 1854 prévoit des contraventions rentrant dans la catégorie de celles prévues par les anciens règlements, et qui sont passibles des amendes édictées par ces règlements ; et des contraventions assimilées à des contraventions de grande voirie par le décret du 10 avril 1812, qui sont poursuivies en vertu du titre IX du décret du 16 décembre 1811, mais ne sont passibles que des frais du procès-verbal par application de l'article 62 et du paragraphe 2 de l'article 63 de la loi du 22 juillet 1889.

C'est ainsi que le conseil de préfecture de la Manche a, par ses arrêtés du 14 mai 1895 et du 18 décembre 1902, appliqué l'article 17 du décret du 17 juillet 1854 au refus par un maître au cabotage de conduire dans le nord des ouvrages d'un port sa chaloupe de pêche, qui était restée ancrée dans le sud de l'estacade et de la chaussée de débarquement, et au refus par le capitaine d'un navire d'obéir aux ordres d'un lieutenant de port lui interdisant d'ancrer son navire dans l'avant-port à un emplacement interdit.

Contraventions prévues par les règlements préfectoraux. — Les préfets peuvent prendre des arrêtés en exécution des anciens règlements et ayant pour but d'assurer la conservation du domaine public et la liberté de la navigation, mais les contraventions de grande voirie résultant de ces arrêtés ne sont passibles que des frais du procès-verbal.

Le conseil de préfecture de la Manche a, par ses arrêtés du 15 octobre 1901 et du 20 août 1902, et en vertu du règlement général des ports de commerce de la Manche, condamné un capitaine de navire pour avoir refusé d'obéir aux ordres donnés par le lieutenant de port pour la sortie de son navire du bassin et un charretier pour avoir déposé de la pierre à chaux sur la chaussée d'un port.

Le même conseil a, par divers arrêtés du 13 novembre 1903, jugé que le refus d'obéir aux ordres du lieutenant de port, enjoignant de rentrer le bout-dehors des bateaux de pêche stationnant dans l'avant-port, était de nature à entraver la navigation et constituait une contravention au règlement général précité; mais il a relaxé des fins du procès-verbal dressé pour le même fait les patrons du canot de sauvetage et des bateaux-pilotes qui, d'après les règlements, doivent toujours être prêts à prendre la mer.

Procès-verbaux. — Procédure. — Les contraventions commises dans les ports sont constatées par les capitaine, lieutenant et maître de port.

Celles commises dans les rades, par les syndics des gens de mer, les gardes maritimes et les gendarmes de la marine.

Ces derniers ont en outre qualité pour

constater, concurremment avec les fonctionnaires et agents dénommés dans les lois et décrets relatifs à la grande voirie, les établissements irrégulièrement formés et par ce mot établissements il faut entendre toute entreprise commise sur le domaine public maritime. (Décret des 21 février-12 mars 1852, article 4.)

La procédure à suivre est celle prescrite par l'article 10 de la loi du 22 juillet 1889.

CHAPITRE IX

LIGNES TÉLÉGRAPHIQUES ET TÉLÉPHONIQUES

§ I. CONTRAVENTIONS COMMISES PAR LES PARTICULIERS.

Faits matériels, pouvant compromettre le service de la télégraphie électrique, commis par imprudence ou involontairement.

Dégradations ou détériorations causées de quelque manière que ce soit aux appareils de télégraphie électrique ou aux machines des télégraphes aériens.

DÉCRET-LOI DU 27 DÉCEMBRE 1851

Art. 2. — Quiconque aura, par imprudence ou involontairement, commis un fait matériel pouvant compromettre le service de la télégraphie électrique;

Quiconque aura dégradé ou détérioré de quelque manière que ce soit les appareils des lignes de télégraphie électrique ou les machines des télégraphes aériens sera puni d'une amende de 16 à 300 fr.

La contravention sera poursuivie et jugée comme en matière de grande voirie.

Le Conseil d'État ne paraît pas avoir été appelé à appliquer cet article au moins dans la période récente. Nous ne trouvons pas d'arrêt sur ce sujet.

L'interruption du service télégraphique due à une cause purement accidentelle ne constitue pas une contravention.

Une circulaire du ministre de l'intérieur du 25 novembre 1832 recommande en effet de ne poursuivre que dans le cas où l'imprudence est manifeste, comme d'attacher des animaux aux supports des lignes, de pratiquer des affouillements aux pieds des poteaux, d'appuyer sur les appareils de la ligne des pièces de bois ou d'autres objets pesants capables de les rompre ou de les ébranler, enfin de placer sur les fils des corps étrangers pouvant établir des communications entre eux ou interrompre le courant électrique.

La même circulaire indique les détériorations principales prévues par le même article : dégradations des poteaux, bris des appareils par le jet de pierres, rupture des fils, dégâts causés aux lignes électriques souterraines par des travaux faits dans le sol où elles sont placées.

A raison de la généralité de l'article ci-dessus, les dispositions qu'il édicte sont applicables à tous les appareils destinés à la correspondance par la voie électrique, et par suite aux appareils et câbles téléphoniques ; d'ailleurs tous les textes postérieurs, notamment la loi du 28 juillet 1885, ont assimilé sous ce rapport les lignes téléphoniques aux lignes télégraphiques.

C'est ainsi que le Conseil d'État a décidé par application de l'article 2 du décret du 27 décembre 1851 précité, qu'il y avait contravention de grande voirie dans le fait de déverser dans un égout des eaux chaudes qui ont détérioré un câble téléphonique placé dans cet égout, ou de détériorer un câble téléphonique placé dans un égout en exécutant des travaux de reconstruction dans cet égout.

Condamnation à l'amende, à la réparation

du préjudice causé et aux frais du procès-verbal. (C. d'Ét., *Crété et Sert*, 12 janv. 1894, p. 34 ; *Allard*, 15 juin 1894, p. 417.)

§ II. CONTRAVENTIONS COMMISES PAR LES CONCESSIONNAIRES OU FERMIERS DE CHEMINS DE FER ET DE CANAUX

Art. 6. — Lorsque sur la ligne d'un chemin de fer ou d'un canal concédé ou affermé par l'État, l'interruption du service aura été occasionnée par l'inexécution soit des clauses du cahier des charges et des décisions rendues en exécution de ces clauses, soit des obligations imposées aux concessionnaires ou fermiers, ou par l'inobservation des règlements ou arrêtés, procès-verbal de la contravention sera dressé par les inspecteurs du télégraphe, par les surveillants des lignes télégraphiques ou par les commissaires et sous-commissaires préposés à la surveillance des chemins de fer.

Art. 8. — Les contraventions prévues en l'article 6 seront punies d'une amende de 300 à 3 000 fr.

Ces dispositions sont la reproduction des articles 12, 13 et 14 de la loi du 15 juillet 1845 sur la police des chemins de fer. Elles créent des contraventions spéciales à la charge des concessionnaires ou fermiers de chemins de fer et de canaux, comme l'ont fait les articles 12, 13 et 14 de ladite loi.

Ces dispositions s'appliquent aussi bien aux lignes concédées antérieurement au décret du 27 décembre 1851 qu'à celles postérieures.

Mais pour que la peine de l'article 8 soit applicable il faut qu'il y ait inobservation des règlements ou arrêtés imposés à la compagnie; si la cause de l'interruption est purement accidentelle, il y a lieu seulement à l'application des peines de l'article 2.

Protection des transmissions télégraphiques et téléphoniques contre les conducteurs d'électricité.

LOI DU 25 JUIN 1895

Isolement des fils conducteurs.

Art. 2. — Les conducteurs aériens ne pourront être établis dans une zone de 10 mètres en projection horizontale de chaque côté d'une ligne télégraphique et téléphonique.

Défense d'établir des conducteurs au-dessus ou au-dessous des voies publiques sans autorisation.

Art. 4. — Aucun conducteur ne peut être établi au-dessus ou au-dessous des voies publiques sans une autorisation donnée par le préfet, sur l'avis technique des ingénieurs des postes et des télégraphes et conformément aux instructions du ministère du commerce, de l'industrie, des postes et des télégraphes.

Cette contravention est prévue et réprimée, comme nous l'avons vu au titre des routes, par l'arrêté du Conseil du 27 février 1765 qui ne cesse pas d'avoir son effet.

Art. 8. — Quiconque aura contrevenu aux dispositions de la présente loi ou des règlements d'exécution sera, après une mise en demeure non suivie d'effet, puni des pénalités portées à l'article 2 du décret-loi du 27 décembre 1851.

Les contraventions seront constatées, poursuivies et réprimées dans les formes déterminées par le titre V dudit décret.

Procès-verbaux. — Agents ayant qualité pour verbaliser. — Les agents ayant qualité pour verbaliser en la matière sont :

Les officiers de police judiciaire, juges de paix, officiers de gendarmerie, maires, commissaires de police ;

Les commissaires et sous-commissaires préposés à la surveillance des chemins de fer ;

Les inspecteurs des lignes télégraphiques, les agents de surveillance nommés ou agréés par l'administration et dûment assermentés (Art. 10 du décret du 27 déc. 1851) ;

Les gendarmes. (Art. 313, § 2, du décret des 1er mars-11 avril 1854.)

Toutefois, pour les contraventions commises par les concessionnaires ou fermiers de chemins de fer et de canaux, les seuls agents ayant qualité pour verbaliser sont :

Les inspecteurs du télégraphe ;

Les surveillants des lignes télégraphiques ;

Les commissaires ou sous-commissaires préposés à la surveillance des chemins de fer. (Art. 6 du décret du 27 déc. 1851.)

Affirmation. — L'affirmation des procès-verbaux dressés par des agents de surveillance assermentés doit avoir lieu dans les trois jours, à peine de nullité.

Poursuites et jugement. — Il n'est en rien dérogé aux règles ordinaires de la poursuite et du jugement, sauf en ce qui concerne les contraventions de l'article 6 du décret du 27 décembre 1851 dont les procès-verbaux doivent, dans les quinze jours de leur date, être notifiés administrativement au domicile élu par le concessionnaire ou le fermier, à la diligence du préfet, et transmis dans le même délai au conseil de préfecture du lieu de la contravention. (Art. 7 du décret précité.)

Circonstances atténuantes. — Contrairement aux principes généraux en matière de contravention de grande voirie, l'article 463 du Code pénal est applicable aux condamnations prononcées en exécution de la loi du 27 décembre 1851. (Art. 13.)

CHAPITRE X

CONTRAVENTIONS CONCERNANT LES SERVITUDES MILITAIRES

Ces contraventions sont visées par les articles 11 et 13 de la loi du 17 juillet 1819 ainsi conçus :

Art. 11. — Les contraventions à la présente loi seront réprimées conformément à la loi du 29 floréal an X relative aux contraventions en matière de grande voirie.

Art. 13. — Outre la démolition de l'œuvre nouvelle aux frais des contrevenants, ils encourront, selon les cas, les peines applicables aux contraventions analogues en matière de grande voirie.

Les contraventions sont énumérées dans le décret du 10 août 1853 rendu en exécution de la loi du 10 juillet 1851 et qui a eu pour but de réunir et de coordonner dans leur ensemble, sans les étendre, toutes les dispositions des lois concernant les servitudes imposées à la propriété autour des fortifications et d'assurer les mesures d'exécution. (Lois des 10 juillet 1791 et 17 juillet 1819. Il a abrogé l'ordonnance du 1er août 1821.)

DÉCRET DU 10 AOUT 1853

Défense de faire des constructions nouvelles dans la première zone.

Art. 7. — Dans la première zone des servitudes autour des places et des postes classés (rayon de 250 mètres), il ne peut être fait aucune construction de quelque nature qu'elle puisse être, à l'exception, toutefois, des clôtures en haies sèches ou en planches à claire-voie, sans pans de bois ni maçonnerie, lesquelles peuvent être établies librement.

Les haies vives et les plantations d'arbres ou d'arbustes formant haies sont spécialement interdites dans cette zone.

Constituent des contraventions:

1° Le fait par un propriétaire d'établir sur son terrain, dans les limites de la première zone, un appentis à claire-voie de 21m,50 de long sur 3m,40 de large, couvert avec une bâche supportée par des chevrons, et un appentis en planches jointives de 3 mètres de long sur 2 mètres de large.

Mais un propriétaire peut établir sur son terrain deux voitures montées sur essieux et roues en fer de chacune 5 mètres de long sur 3 mètres de large et $2^m,50$ de hauteur et servant d'auberge; ce qui paraît indiquer que les constructions purement mobilières ne sont pas interdites dans la première zone (C. d'Ét., *Guédé*, 4 janv. 1884, p. 19);

2° Le fait par un particulier d'élever sur son terrain une construction dans les limites de la zone, telles qu'elles ont été déterminées par le décret qui a homologué les opérations de bornage des zones autour de la place et ce encore bien que cette construction soit à plus de 250 mètres des saillants des bastions les plus voisins (C. d'Ét., *Amiel*, 27 juill. 1883, p. 704);

3° Le fait de construire une porcherie dans la zone de défense d'une place de guerre quand bien même le propriétaire aurait rempli toutes les formalités exigées par la législation des établissements insalubres (C. d'Ét., *Mikalef*, 9 avril 1886 p. 331);

4° Le fait de planter une haie vive en brins d'épines dans la première zone d'un fort (C. d'Ét., *Favril,* 24 mai 1889, p. 658);

5° Le fait d'avoir dans les limites de la zone de Paris et sans autorisation établi une baraque en planches sur soubassement en maçonnerie (C. d'Ét., *Mlle Lannier,* 9 nov. 1888, p. 816);

6° Le fait d'avoir construit dans les limites de la zone de la place de Paris et sans autorisation une baraque en planches et un abri en voliges avec papier goudronné (C. d'Ét., *Houssin,* 14 févr. 1890, p. 171);

7° Le fait de construire un mur servant de contrefort à une maison (C. d'Ét., *Espil,* 16 nov. 1900, p. 625);

8° Le fait par un propriétaire d'établir sur son terrain, dans la limite de la première zone et postérieurement au classement de la place, des appentis en bois et des caves en maçonnerie entourées d'une palissade en planches à claire-voie avec pans de bois (C. d'Ét., *Kremer,* 16 nov. 1894, p. 605);

Mais les clôtures en haies sèches ou en

planches à claire-voie sans pans de bois ni maçonnerie sont autorisées et le Conseil d'État a décidé qu'une clôture composée de roseaux jointifs reliés par un fil de fer constitue une haie sèche sans pans de bois ni maçonnerie. (C. d'Ét., *Aduy*, 6 mars 1885, p. 292.)

Défense d'exécuter une construction en maçonnerie ou en pisé dans la deuxième zone.

Art. 8. — Au delà de la première zone jusqu'à la limite de la deuxième, il est également interdit, autour des places de la première série, d'exécuter aucune construction quelconque en maçonnerie ou en pisé. Mais il est permis d'élever des constructions en bois et en terre, sans y employer de pierres ni de briques, même de chaux ni de plâtre autrement qu'en crépissage et à charge de les démolir immédiatement et d'enlever les décombres et matériaux, sans indemnité, à la première réquisition de l'autorité militaire, dans le cas où la place, déclarée en état de guerre, serait menacée d'hostilités.

Dans la même étendue, c'est-à-dire entre les limites de la première et de la deuxième zone, il est permis tout autour des places de la deuxième série et des postes militaires d'élever des constructions quelconques.

Mais le cas arrivant où ces places et postes sont

déclarés en état de guerre, les démolitions qui sont jugées nécessaires n'entraînent aucune indemnité pour les propriétaires.

Constitue une contravention à l'article 8 ci-dessus :

Le fait d'avoir augmenté dans la deuxième zone d'un fort une construction ancienne sans faire la déclaration préalable à l'autorité militaire et la soumission de démolition exigées par le décret du 10 août 1853. (C. d'Ét., *Souder*, 4 juill. 1890, p. 636.)

Prohibitions relatives à la troisième zone.

Art. 9. — Dans la troisième zone de servitudes des places et des postes, il ne peut être fait aucun chemin, aucune levée ni chaussée, aucun exhaussement de terrain, aucune fouille ou excavation, aucune exploitation de carrière, aucune construction au-dessus du niveau du sol, avec ou sans maçonnerie, enfin aucun dépôt de matériaux ou autres objets, sans que leur alignement ou leur position n'aient été concertés avec les officiers du génie, et que, d'après ce concert, le ministre de la guerre n'ait déterminé ou fait déterminer par un décret les conditions auxquelles les travaux doivent être assujettis dans chaque cas particulier, afin de concilier les intérêts de la éfense avec ceux de l'industrie, de l'agriculture et du commerce.

Dans la même étendue, les décombres provenant des bâtisses et autres travaux quelconques ne peuvent être déposés que dans les lieux indiqués par les officiers du génie : sont exceptés toutefois de cette disposition ceux des détriments destinés à servir d'engrais aux terres, et pour les dépôts desquels les particuliers n'éprouvent aucune gêne, pourvu qu'ils évitent de les entasser.

Enfin, dans la même zone, il est défendu d'exécuter aucune opération de topographie sans le consentement de l'autorité militaire. Ce consentement ne peut être refusé, lorsqu'il ne s'agit que d'opérations relatives à l'arpentage des propriétés.

Ces prohibitions existent non seulement pour la troisième zone mais pour toute l'étendue de la zone des servitudes.

Commet une contravention à l'article 9 ci-dessus.

Le propriétaire d'une carrière située dans la zone des servitudes militaires, s'il l'exploite dans des conditions autres que celles imposées par l'autorisation, quand bien même la carrière aurait été ouverte avant que la servitude n'existe. (C. d'Ét., *Bouchet,* 24 mai 1878, p. 512.)

Le propriétaire ou locataire qui a creusé, sans autorisation, une excavation au-dessous d'une baraque autorisée. (C. d'Ét., *Houssin*, 14 févr. 1890, p. 172.)

Prohibitions concernant les constructions existantes.

Art. 10. — Les reconstructions totales de maisons, clôtures et bâtisses sont soumises aux mêmes prohibitions que les constructions neuves, quelle qu'ait pu ou puisse être la cause de la destruction.

Les restaurations de bâtiments, clôtures et autres ouvrages tombant par vétusté ou pour une cause quelconque constituent des reconstructions totales, lors même qu'on voudrait, dans ces restaurations, conserver, dans quelques parties, les anciennes constructions.

Constitue une contravention à cet article :

Le rétablissement dans leur ancien état d'une loge en maçonnerie et d'un mur de clôture établis dans la première zone des servitudes d'une place forte et qui ont été arasés à une certaine distance du sol par ordre de l'autorité militaire, l'interdiction ne s'appliquant pas seulement au cas où les constructions auraient péri par vétusté (C. d'Ét., *Balland,* 9 juill. 1875, p. 679);

Le fait par le propriétaire d'un immeuble situé dans la première zone d'une place de guerre d'avoir consolidé au moyen de solives la terrasse de son bâtiment qui menaçait ruine. (C. d'Ét., *Froget,* 19 juill. 1889, p. 873.)

La zone des fortifications ou terrain militaire qui fait partie du domaine public imprescriptible et inaliénable comprend outre les fortifications proprement dites, la route militaire et les terrains extérieurs annexes à la fortification. Par suite, les propriétaires des ouvrages établis dans la partie extérieure de la zone militaire ne peuvent conserver la jouissance de ces bâtiments; mais si la démolition est ordonnée, ils sont fondés à réclamer une indemnité dans le cas où ils prouveraient que leurs auteurs possédaient légitimement les constructions litigieuses avant le classement de la place ou avant les lois du 28 novembre 1790 et des 8-10 juillet 1791. (C. d'Ét., *Banque foncière du Jura,* 7 févr. 1902, p. 93.)

Prohibitions concernant les bâtisses en bois ou en bois et terre.

Art. 11. — Les bâtisses en bois ou en bois et terre existant dans la limite de 487 mètres ne peuvent être entretenues dans leur état actuel qu'autant qu'il n'est apporté aucun changement dans leurs formes et leurs dimensions et que sous les restrictions expresses :

1° Que les matériaux de réparation et de reconstruction partielle sont de même nature que ceux précédemment mis en œuvre ;

2° Que la masse des constructions existantes n'est point accrue.

Constitue une contravention à cet article :

Le fait d'avoir surélevé une baraque préexistante. (C. d'Ét., *D*lle *Lannier,* 9 nov. 1888, p. 816.)

Prohibitions concernant les bâtisses en maçonnerie.

Art. 12. — La disposition qui précède s'applique aussi pour les places de la deuxième série et les postes militaires aux constructions en maçonnerie situées au delà de la première zone jusqu'à la limite de 487 mètres.

Les bâtisses en maçonnerie situées dans la zone de 250 mètres des places et des postes, ou dans celle de

487 mètres des places de la première série ne peuvent être entretenues librement, dans leur état actuel, qu'à la charge expresse de les soumettre aux restrictions mentionnées à l'article 11, et de ne faire en outre aucun des travaux de la nature de ceux qui sont légalement prohibés en matière de voirie, c'est-à-dire des reprises en sous-œuvre, de grosses réparations et autres travaux confortatifs :

Soit à leurs fondations ou à leurs rez-de-chaussée, s'il s'agit de bâtiments d'habitation ;

Soit, pour les simples clôtures, jusqu'à moitié de leur hauteur mesurée sur leur parement extérieur ;

Soit pour toutes les autres constructions jusqu'à 3 mètres au-dessus du sol extérieur.

Questions préjudicielles. — L'exception de propriété ne met pas obstacle à ce que le conseil de préfecture statue sur la contravention ; ce dernier ne doit surseoir à statuer que lorsque le prévenu soulève devant lui une question préjudicielle qui soit de nature à faire disparaître la contravention, par exemple l'antériorité d'existence des constructions à l'établissement des servitudes.

Procès-verbaux. — Procédure. — Jugement. — La procédure à suivre en la matière est réglée par les articles 40 à 50 du décret du 10 août 1853.

Les procès-verbaux sont dressés par les gardes du génie et les portiers-consignes assermentés.

Ils doivent être affirmés dans les vingt-quatre heures et sont visés pour timbre et enregistrés en débet dans les quatre jours de leur date.

Enfin ils font foi jusqu'à inscription de faux.

La poursuite ne peut être exercée que par le préfet.

Les procès-verbaux de contravention sont notifiés sans délai aux contrevenants avec sommation de suspendre sur-le-champ les travaux indûment entrepris, de démolir la partie déjà exécutée et de rétablir les lieux dans l'état où ils étaient avant la contravention.

Si le contrevenant n'interrompt pas ses travaux dans les vingt-quatre heures de la date de la notification, le conseil de préfecture convoqué d'urgence par le préfet ordonne immédiatement et nonobstant toute inscription de faux cette suspension qui peut être assurée par l'emploi de la force publique.

Après la notification et la sommation prescrites par l'article 41, si le contrevenant ne démolit pas les travaux indûment exécutés et ne met pas les lieux en l'état primitif, il est cité à comparaître devant le conseil de préfecture avec sommation de présenter ses moyens de défense dans le délai d'un mois; sauf le cas d'inscription de faux le conseil statue dans le délai d'un mois.

Le maintien des travaux exécutés dans la zone des servitudes, à l'expiration du délai accordé et après les notifications et sommations faites conformément à l'article 41, constitue une contravention aux lois et règlements sur les servitudes militaires.

Suppression des constructions. (C. d'Ét., *Société des sports français,* 12 janv. 1900, p. 28.)

Toutefois, si le procès-verbal est incomplet ou irrégulier en tout ou en partie et que le conseil ne trouve pas dans les autres pièces produites les renseignements nécessaires, il fait faire préalablement par les officiers du génie et les ingénieurs des ponts et chaussées les vérifications qu'il juge convenables et il prononce sur le tout dans le mois de la remise qui lui est faite du procès-verbal de vérification.

Cette vérification peut ne pas être contradictoire. (C. d'Ét., *Espil*, 16 nov. 1900, p. 625.)

Conformément à l'article 48 du décret du 10 août 1853, le conseil prononce les peines applicables aux contraventions analogues en matière de grande voirie, c'est-à-dire l'amende prévue notamment par l'arrêt du Conseil du 27 février 1765 et en outre, selon le cas, la démolition aux frais du contrevenant des ouvrages indûment exécutés, la réparation des dégradations et la restitution des terrains usurpés.

Le conseil fixe le délai dans lequel l'arrêté doit être exécuté.

CONCLUSION

Nous avons vu que les dispositions qui régissent les contraventions de grande voirie remontent à des époques différentes et très éloignées ; elles sont très compliquées et n'ont pas de cohésion ni de liaison entre elles.

Elles établissent d'une part des amendes d'une rigueur excessive que la loi du 23 mars 1842 et la jurisprudence avant elle ont dû modérer et, d'autre part, des peines qui ont été abolies par nos lois actuelles et que les tribunaux administratifs ne peuvent pas appliquer, telles que les peines corporelles, la confiscation, etc. Il serait à désirer que ces dispositions fussent remaniées, refondues en une seule loi, en un mot qu'elles fussent codifiées comme on le fait pour le Code rural.

Mais le Parlement n'aura peut-être pas le loisir d'entreprendre ce travail de sitôt et elles risquent de rester encore longtemps telles qu'elles sont.

De là l'utilité de notre ouvrage.

TABLE ANALYTIQUE DES MATIÈRES

*

CHAPITRE II

DES CONTRAVENTIONS COMMISES SUR LES GRANDES ROUTES

CHAPITRE III

CONTRAVENTIONS COMMISES SUR LES CHEMINS VICINAUX

CHAPITRE IV

CONTRAVENTIONS COMMISES SUR LES CHEMINS DE FER D'INTÉRÊT GÉNÉRAL

CHAPITRE V

CONTRAVENTIONS COMMISES SUR LES CHEMINS DE FER D'INTÉRÊT LOCAL

CHAPITRE VI

CONTRAVENTIONS COMMISES SUR LES TRAMWAYS

CHAPITRE VII

CONTRAVENTIONS COMMISES SUR LES COURS D'EAU NAVIGABLES ET FLOTTABLES, LES RIVIÈRES CANALISÉES ET LES CANAUX DE NAVIGATION

CHAPITRE VIII

CONTRAVENTIONS COMMISES SUR LE DOMAINE PUBLIC MARITIME

CHAPITRE IX

CONTRAVENTIONS COMMISES SUR LES LIGNES TÉLÉGRAPHIQUES ET TÉLÉPHONIQUES

CHAPITRE X

CONTRAVENTIONS CONCERNANT LES SERVITUDES MILITAIRES

Nancy, impr. Berger-Levrault et Cie.

www.ingramcontent.com/pod-product-compliance
Ingram Content Group UK Ltd.
Pitfield, Milton Keynes, MK11 3LW, UK
UKHW020332230726
13925UKWH00002B/752